Ursula Thomas-Johaentges
Carmen Thomas

Dein Schreib-Coach!
Bachelor-, Master-, Doktor- und Projektarbeit

Vom Rohtext bis zur Endfassung

Ursula Thomas-Johaentges
Carmen Thomas

Dein Schreib-Coach!
Bachelor-, Master-, Doktor- und Projektarbeit

Vom Rohtext bis zur Endfassung

- Ordnung im Kopf
- Richtige Instrumente zur Planung
- Verbesserung der sprachlichen Qualität
- Visualisierung wichtiger Ergebnisse
- Selbststeuerung und Zeitmanagement
- Motivation und Blockaden
- Schreibbalance durch Kreativitätstechniken
- Zitieren und Strategien der Literatursuche
- Bewertungskriterien

Verlag BoD - Books on Demand

Praxishandbuch

Bibliographische Informationen der Deutschen Nationalbibliothek

Die Deutsche Nationalbibliothek verzeichnet diese Publikation in der Deutschen Nationalbibliografie; detaillierte bibliographische Daten sind im Internet über www.dnb.de abrufbar.

Haftungsausschluss

Die Empfehlungen in dem vorliegenden Buch wurden mit größter Sorgfalt erbracht und erfolgen nach anerkannten Regeln von Wissenschaft und Praxis, erheben jedoch keinen Anspruch auf Vollständigkeit und Richtigkeit. Vor der Umsetzung der Ratschläge muss der Verwender im eigenen Interesse sorgfältig und eigenverantwortlich prüfen, ob und in welchem Umfang eine Anwendung erfolgen soll. Für die Auswirkung der Umsetzung der Angaben, Hinweise und Ratschläge sowie für eventuelle Druckfehler können von Autoren und Verlag ausdrücklich keine Haftung übernommen und kein Schadensersatz geltend gemacht werden.

2. überarbeitete und erweiterte Auflage 2013

Herstellung und Verlag: BoD - Books on Demand, Norderstedt
Umschlaggestaltung: BoD - Books on Demand, Norderstedt
Titelfoto: © Ursula Thomas-Johaentges
ISBN: 978-3-8482-1819-6

Vorwort und Dank

Liebe Leserinnen und Leser,

Dein Schreib-Coach! Bachelor-, Master-, Doktor- und Projektarbeit. Vom Rohtext bis zur Endfassung geht mit verändertem Titel und neuen Impulsen in die zweite Runde. Das „Praxishandbuch Seminar-, Examens- und Doktorarbeit. Sprachliche, zeitliche und emotionale Blockaden des wissenschaftlichen Schreibens erfolgreich überwinden“ wurde hiermit überarbeitet und erweitert; es berücksichtigt die akademischen Besonderheiten von Bachelor-, Master-, Doktor- und Projektarbeiten.
Die Neuauflage schließt vor allem die Lücke zur praktischen Herangehensweise an das wissenschaftliche Schreiben. Als Ergänzung zur ersten beschäftigt sich die aktuelle Ausgabe zudem mit dem Zitieren sowie Strategien der Literatursuche und enthält die Inhalte unseres 2012 erschienen Booklets „Zitieren in wissenschaftlichen Texten“.
Neben Studierenden in Vollzeit werden auch nebenberuflich Studierende und Berufstätige, die Schritt für Schritt zielgerichtete und schnelle Hilfestellung beim Verfassen von Wissenschaftstexten und Projektberichten suchen, angesprochen.
Zahlreiche konkrete Beispiele und Darstellungen aus verschiedenen Wissenschaftsdisziplinen veranschaulichen die Inhalte und können somit sofort in die Praxis umgesetzt werden.

Ein besonderer Dank gilt unseren Kursteilnehmerinnen und -teilnehmern verschiedener Studien- und Berufsrichtungen, die mit wertvollen Anregungen zum diesem Buch beigetragen haben. Bedanken möchten wir uns vor allem bei *Dr. Sabine Wollscheid und Dr. Gerhard Buchholz* für die Durchsicht des Manuskripts aus beruflich-wissenschaftlicher Perspektive sowie *Heinz Engels* für die didaktischen Anregungen. *Sabrina Lauderbach* sei für ihre Hinweise aus studentischer Sicht gedankt.

Dem Verlag *Books on Demand, vor allem Dr. Ulrike Bremer,* gilt ein besonderer Dank für die ordentliche Drucklegung und die Umschlaggestaltung.

Berlin und Vallendar, im Januar 2013

Inhalt

Abbildungsverzeichnis

Tabellenverzeichnis

1 Wissenschaftliches Schreiben als Schlüsselkompetenz für Studium und Beruf

In Zeiten von dicht gedrängten Stundenplänen mit Anwesenheitspflicht, hohen Workloads und oftmals mangelhaften Betreuungssituationen an zahlreichen deutschen Hochschulen sind viele Studierende beim Schreiben ihrer ersten Hausarbeit überfordert. Spätestens jedoch beim Schreiben ihrer Abschlussarbeit durchleben sie eine echte Krise.

Unzureichende methodische Einführung in die Thematik des akademischen Schreibens sowie fehlende Schreibpraxis lassen die Forderung nach einer systematischen Vermittlung so genannter Schlüsselqualifikationen – neben dem Unterrichten fachspezifischer Inhalte in den einzelnen Studiengängen – laut werden. Wissenschaftliches Schreiben ist ein Handwerk, das erlernt werden will und einiger Übung bedarf; es hilft Gedanken, Argumente und Positionen zu ordnen und zu systematisieren.

Nicht nur im Studium, sondern auch in der Arbeitswelt wollen Prozesse gedanklich geordnet, Verfahren erklärt sowie Ergebnisse analysiert und interpretiert werden. Häufig müssen diese nicht nur in heimischen Märkten, sondern auch international und interkulturell kommuniziert werden.

Innerhalb sozialer Netzwerke (z.B. Facebook, Twitter) und mit wachsender Nutzung moderner Zugangsgeräte zum mobilen Internet (z.B. Smartphone, Handy, Laptop, iPad) verbreiten sich Informationen in zunehmender Geschwindigkeit. Unternehmen, staatliche Institutionen, öffentliche Einrichtungen sowie Privatpersonen stehen schon heute vor der besonderen Herausforderung, den Umgang mit der Informationsflut zu managen, adäquate Daten herauszufiltern und diese richtig zu interpretieren und zu kommunizieren. Gerade letzterer Aufgabe gilt es, auch seitens der Hochschulen durch eine entsprechende Ausbildung des wissenschaftlichen Nachwuchses im akademischen und beruflichen Schreiben Rechnung zu tragen.

Da dies derzeit vielfach nur ansatzweise zu erkennen ist, Vollzeit- oder nebenberuflich Studierende sowie diejenigen, bei denen das Studium schon eine Weile zurückliegt, jedoch auf schnelle und pragmatische Hilfe angewiesen sind, werden die Leser mit dem vorliegenden Praxishandbuch auf den neuesten Stand des wissenschaftlichen Schreibens gebracht. Es liefert Schreibtechniken und Ideen für Studierende und Schreibende in den Wissenschaften, um Texte schnell, sorgfältig und klar zu verfassen.

Die Inhalte basieren auf unserer langjährigen Tätigkeit als Dozentin und Trainerin bzw. wissenschaftliche Mitarbeiterin, insbesondere an den Hochschulen in Trier und Koblenz, Mannheim und dem RheinAhrCampus in Remagen sowie in der freien Wirtschaft, bei Behörden und Verbänden.

Das vorliegende Buch erhebt keinen Anspruch auf Vollständigkeit zur Abdeckung aller spezifischen Formalien von Studienrichtungen; dafür sind diese von Fachbereich zu Fachbereich zu unterschiedlich und individuell. Vielmehr soll es Schreibenden in den Wissenschaften methodische und vor allem praxisnahe Anregungen für die zügige Textproduktion geben.

2 Aufbau und Bewertungskriterien einer wissenschaftlichen Arbeit

2.1 Die Seminar- und Hausarbeit

In den ersten Semestern dienen Seminar- bzw. Hausarbeiten dazu, Erfahrungen im wissenschaftlichen Schreiben zu sammeln. Bis zum Ende des Studiums sollten sich die Schreibtechniken durch Übung idealerweise verbessern. Hinsichtlich des Umfangs umfassen Seminar-/Hausarbeiten – je nach spezifischer Anforderung – ca. 10-25 Seiten. In der erforderlichen Kürze wird ein Thema hinsichtlich seiner Fragestellung und Zielsetzung bearbeitet. Diese Form des wissenschaftlichen Arbeitens dient häufig dazu, ein mündlich vorgetragenes Referat in einer schriftlichen Fassung zu ergänzen. Hinsichtlich des Aufbaus lässt sich eine Seminar-/Hausarbeit in *Vorspann*, *Untersuchungsgegenstand* und *Nachspann* unterteilen. Tabelle 1 zeigt beispielhaft, welche relevanten Punkte viele Hochschullehrer erwarten.

Tabelle 1: Beispiel für den Aufbau einer Seminar-/Hausarbeit

A	**Der Vorspann** Deckblatt mit dem Titel der Arbeit Inhaltsverzeichnis Abbildungs-/Tabellen-/Kartenverzeichnis Abkürzungsverzeichnis
B	**Der Untersuchungsgegenstand** *Textanteil in Prozent: Einleitung (ca. 15%)* 1. Einführung - Forschungshintergrund, Problemstellung und Zielsetzung der Arbeit - Aufbau der Arbeit *Textanteil in Prozent: Hauptteil (ca. 80%)* 2. Hauptteil der Arbeit - Begriffsabgrenzung, Definitionen (unter Einbeziehung der einschlägigen Fachliteratur sowie der Handbücher des jeweiligen Wissenschaftsbereichs) - Spannungs-, Konflikt- und Problemfelder - Beispiele und Studien - Ergebnisse der Untersuchung inkl. Zwischenfazits *Textanteil in Prozent: Schluss (ca. 5%)* 3. Schlussteil der Arbeit - Zusammenfassung - Fazit und Ausblick
C	**Der Nachspann** Literatur- und Quellenverzeichnis Anhang

Quelle: Eigene Erstellung.

2.2 Die Bachelor- und Masterarbeit

Wissenschaftliche Abschlussarbeiten, wie Bachelor- und Masterarbeit, werden im Vergleich zu Seminar-/Hausarbeiten in der Regel um Vorwort und Dank, Forschungsdesign und Methodik der Untersuchung, Diskussion der Ergebnisse und Empfehlungen, eine eidesstattliche Erklärung – ggf. Hinweise auf weiterführende Literatur und zu untersuchende Forschungsfelder sowie einen Index – und evtl. Fragebogen, Interviewleitfaden und empirische Auswertung erweitert (vgl. Tabelle 2). Um die genauen Anforderungen zu erfüllen, sollte in jedem Fall die jeweilige Studien-/Prüfungsordnung zu Rate gezogen werden, die von Fachbereich zu Fachbereich variieren kann. Hinsichtlich der Planung und des Zeitmanagements stellen Abschlussarbeiten (Umfang häufig ca. 50-120 Seiten) besondere Anforderungen an Studierende, weshalb Fragestellung und Zielsetzung der Arbeit genauestens aufgeschrieben und mit dem Betreuer der Arbeit geklärt werden sollten.

Tabelle 2: Beispiel für den Aufbau einer Abschlussarbeit

A	**Der Vorspann** Deckblatt mit dem Titel der Arbeit Vorwort und Dank Inhaltsverzeichnis Abbildungs-/Tabellen-/Kartenverzeichnis Abkürzungsverzeichnis
B	**Der Untersuchungsgegenstand** *Textanteil in Prozent: Einleitung (ca. 15%)* 1. Einführung - Forschungshintergrund, Problemstellung und Zielsetzung der Arbeit - Forschungsdesign, Methodik und Aufbau der Arbeit *Textanteil in Prozent: Hauptteil (ca. 80%)* 2. Hauptteil der Arbeit - Begriffsabgrenzung, Definitionen (unter Einbeziehung der einschlägigen Fachliteratur sowie der Handbücher des jeweiligen Wissenschaftsbereichs) - Spannungs-, Konflikt- und Problemfelder - Beispiele und Studien - Diskussion der Ergebnisse, Erkenntnisse und Empfehlungen - Zwischenfazits nach Hauptkapiteln einfügen *Textanteil in Prozent: Schluss (ca. 5%)* 3. Schlussteil der Arbeit - Zusammenfassung - Fazit und Ausblick (ggf. Hinweis auf weiterführende Literatur und Forschungsfelder)
C	**Der Nachspann** Literatur- und Quellenverzeichnis Anhang (evtl. Fragebogen, Interviewleitfaden, empirische Auswertung, Index) Eidesstattliche Erklärung

Quelle: Eigene Erstellung.

2.3 Die Doktorarbeit

Doktorarbeiten sind ähnlich wie Abschlussarbeiten aufgebaut (vgl. Tabelle 2 und 3), stellen jedoch wegen des Forschungsdesigns höhere Anforderungen an die wissenschaftliche Eigenleistung des Schreibers. Da Doktorarbeiten mit einem meist mehrjährigen Forschungs- und Schreibprozess verbunden sind, werden auch ein größeres Durchhaltevermögen und eine stärkere Eigeninitiative vom Doktoranden vorausgesetzt, um ein solches umfangreiches Projekt (häufig mehrere hundert Seiten) erfolgreich zu Ende zu führen. Wie bei Abschlussarbeiten gilt es auch hier, die Studien-/Prüfungsordnung der jeweiligen Fakultät zur Erfüllung der erforderlichen Kriterien heranzuziehen.

Tabelle 3: Beispiel für den Aufbau einer Doktorarbeit

A	**Der Vorspann** Deckblatt mit dem Titel der Arbeit Vorwort und Dank Inhaltsverzeichnis Abbildungs-/Tabellen-/Kartenverzeichnis Abkürzungsverzeichnis
B	**Der Untersuchungsgegenstand** *Textanteil in Prozent: Einleitung (ca. 15%)* 1. Einführung - Forschungshintergrund, Problemstellung und Zielsetzung der Arbeit - Forschungsdesign, Methodik und Aufbau der Arbeit *Textanteil in Prozent: Hauptteil (ca. 80%)* 2. Hauptteil der Arbeit - Begriffsabgrenzung, Definitionen (unter Einbeziehung der einschlägigen Fachliteratur sowie der Handbücher des jeweiligen Wissenschaftsbereichs) - Spannungs-, Konflikt- und Problemfelder - Beispiele und Studien - Diskussion der Ergebnisse, Erkenntnisse und Empfehlungen - Zwischenfazits nach Hauptkapiteln einfügen *Textanteil in Prozent: Schluss (ca. 5%)* 3. Schlussteil der Arbeit - Zusammenfassung - Fazit und Ausblick (ggf. Hinweis auf weiterführende Literatur und Forschungsfelder)
C	**Der Nachspann** Literatur- und Quellenverzeichnis Anhang (evtl. Fragebogen, Interviewleitfaden, empirische Auswertung, Index Lebenslauf, Abstract) Eidesstattliche Erklärung

Quelle: Eigene Erstellung.

Aufgrund der inhaltlichen Komplexität und dem zeitlichen Ausmaß von Doktorarbeiten ist es empfehlenswert, zu Beginn der Arbeit ein exaktes Exposé auszuarbeiten, aus dem Thema, Fragestellung, Zielsetzung und Methodik der Untersuchung sowie die zeitliche Planung klar hervorgehen. Das Erstellen eines Exposés erfordert bereits eine erste Sichtung der vorhandenen Forschungslandschaft und eine intensive Auseinandersetzung mit dem Thema. Es gibt einen Überblick über die Fragestellung und den roten Faden der Arbeit. Dies ist nicht nur hinsichtlich der realistischen Planung und Machbarkeit für den Schreiber von Relevanz, sondern auch für den Betreuer, der damit ein klares Bild vom vorgesehenen Forschungsprojekt erhalten kann. Ein Exposé wird häufig bei der Bewerbung um ein Stipendium vorausgesetzt.

2.4 Exkurs: Der Projektbericht

Ein Projekt ist ein zeitlich begrenztes Vorhaben mit einer klaren Zielsetzung. Anfang und Ende sind dabei genau definiert. Es findet unter einmaligen Bedingungen statt (DIN-Norm 69901). Projekte sind oft komplex; sie können sich über mehrere Monate oder auch Jahre erstrecken. Deshalb ist eine detaillierte Planung der zu erledigenden Aufgaben unabkömmlich. Gerade wer wenig Zeit hat, sollte sich für die Planungsphase viel davon nehmen. Diese Investition zahlt sich meist am Ende aus.

Insbesondere die Definition des Projektziels sollte gut durchdacht sein und mit Hilfe der sog. SMART-Formel schriftlich formuliert werden: Danach ist das Projektziel ***s****pezifisch*, ***m****essbar*, ***a****kzeptiert*, ***r****ealistisch* und ***t****erminiert.*

Projektmanagement zielt darauf ab, dass die angestrebten Ziele mit den geplanten Ressourcen erreicht werden. Bei großen Projekten können Software-Tools, wie MS Project oder Merlin, unterstützend hinzugezogen werden, die aufwändig in der Pflege sind, aber verschiedenste Zusatzfunktionen bieten.

Zum Einhalten der Projektziele (Controlling) und zur Dokumentation können *Zwischen- und Abschlussberichte* hilfreich sein. Oftmals werden sie vom Auftraggeber oder den Projektbeteiligten gefordert oder gewünscht. Sie sollen zeigen, dass sich die Projektnehmer mit den Chancen und Risiken des Projekts auseinandergesetzt haben und den Überblick über die Meilensteine im Blick behalten. Sie stellen vor allem den Ist- und Sollzustand des Projekts hinsichtlich der Ergebnisse und auch Termine gegenüber, zeigen Mängel bzw. Störungen sowie Trends auf und sorgen für den Informationsfluss zwischen den Mitwirkenden.

Sinnvoll ist es, Planänderungen bereits in *Projektzwischenberichten* anzuzeigen, denn falls erforderlich, können ab diesem Zeitpunkt noch Korrekturmaßnahmen eingeleitet werden, damit das Vorhaben erfolgreich zu Ende geführt werden kann.
Projektberichte sollten auch nach der Durchführung von Projekten erstellt werden; dann sind allerdings keine Veränderungen innerhalb des Projekts mehr möglich, da die Maßnahmen abgeschlossen sind.
Das schriftliche Festhalten des Projektablaufs ist insofern von Bedeutung, um den Erfolg zu messen (Evaluation) und Probleme, die der Verbesserung bedürfen, im Unternehmen anzugehen. Insofern können Projektberichte auch einen Ausblick in die Zukunft geben und der Unternehmensführung als Basis für Nachfolgeprojekte bzw. zur Neuausrichtung dienen.

Um *Projektzwischenberichte bzw. -abschlussberichte* klar und zügig verfassen zu können, sollten sämtliche Unterlagen, die im Zusammenhang mit dem Projekt stehen, gesammelt und strukturiert werden. Dies kann je nach Zeitdauer des Projekts *wöchentlich, monatlich* oder *quartalsweise* geschehen. Der Vorteil der zeitnahen Dokumentation besteht darin, dass Informationen noch präsent im Gedächtnis der Projektleiter/-bearbeiter sind und Wichtiges nicht verloren geht.
Dabei stellt die Kommunikations- und Teamfähigkeit der Person, die Berichte verfasst, eine Schlüsselkompetenz dar. Sie muss in der Lage sein, die vielen an einem Projekt beteiligten Akteure bzw. deren benötigte Informationen, welche letztlich von Bedeutung für die Dokumentation sind, zu koordinieren.
Zur Orientierung und als eine Art Fahrplan bietet sich die Nutzung eines *Projektkompasses* (vgl. Tabelle 4) an. In der Projektplanungs- und Recherchephase werden die wichtigsten Koordinaten des Projekts darin schriftlich erfasst. Der Projektkompass gibt einen Überblick über Ziele, Meilensteine, Beteiligte, Zeitdauer, Kosten und methodische Herangehensweise. Einige der wesentlichen Planungsschritte sind die Ressourcenplanung, die Projektumfeld-/ Stakeholderanaylse sowie die Risikoanalyse. Letztere gilt es, während des Projektverlaufs regelmäßig durchzuführen. Hierbei sollten keine Themen tabuisiert werden. Folgende Risikovarianten sind denkbar: *organisatorische, terminliche, technologische, wirtschaftliche, juristische* und *persönliche Risiken* oder *Einwirkungen von außen*.
Die Planung sollte schriftlich, z.B. stichwortartig in Form einer Mind-Map oder in einer Tabelle, erfolgen. Der *Projektkompass* kann als Grundlage zum Schreiben von *Projektberichten* dienen. Führungskräfte in Unternehmen und Organisationen können beide Dokumente (als wesentliche Komponenten des Projektcontrollings) nutzen, um neue Strategien für Produkte, Abläufe, Marketingaktionen oder Innovationen abzuleiten.

Tabelle 4: Kompass zur Organisation von Projekten

Projektkompass	
1. Name des Projekts (ggf. Kurzfassung)	
2. Nummer des Projekts	
3. Auftraggeber	
4. Definition des Projekts	
5. Projektziele inkl. Meilensteine (Etappenziele) mit Datum und Status - Ziel A - Ziel B - Ziel C - ...	
6. Projektkosten	
7. Art des Projekts	
8. Projektleitung	
9. Projektbeteiligte und Mentoren	
10. Beginn und Ende des Projekts (mit Datum)	
11. Verwendete Literatur, Quellen, Dokumente, Protokolle Materialien im Rahmen des Projekts	
12. Methodische Herangehensweise	
13. Abgabetermine für Projektzwischenberichte und Projektabschlussbericht	
14. Projektumfeldanalyse mit Risikoeinschätzung (Ist-Zustand, Art des Risikos, mögliche Folgen, Gegenmaßnahmen, Status)	

Quelle: Eigene Erstellung.

Für Berufstätige und Verfasser von praxisbezogenen Projektberichten kann es hilfreich sein, sich die *Prinzipien des wissenschaftlichen Schreibens* zu Nutze zu machen, um zum Zwecke einer guten Kommunikation Klarheit, Genauigkeit und Transparenz in Schriftwerke zu bringen. Anhand einer sorgfältigen Erstellung von Projektzwischen- bzw. Projektabschlussberichten können Betriebe in die Lage versetzt werden, Fehlentwicklungen frühzeitig zu erkennen, bei Abweichungen nachzusteuern oder bereits während des Projektverlaufs Qualitätsverbesserungen von Abläufen und Vorgehensweisen einzuführen.

Welche Anforderungen sollte ein Projektbericht erfüllen?

Ziel eines Projektberichts ist es, eine Angelegenheit bzw. Vorgehensweise vollständig und nachvollziehbar darzustellen, damit auch Dritte Klarheit darüber erlangen. Dabei eignet sich die Beantwortung folgender W-Fragen:

- Wer?
- Was?
- Wo?
- Wann?
- Wie?
- Mit welchem Ziel und Ergebnis?

Ein Projektbericht kann ähnlich wie eine wissenschaftliche Arbeit aufgebaut werden:

1. Deckblatt inklusive Zusatzinformationen (Titel, Beteiligte, Datum, Organisation, Ort)
2. Inhaltsverzeichnis
3. ggf. Abbildungs-/Tabellen-/Abkürzungsverzeichnis etc.
4. Einleitung mit Fragestellung, Methodik und Aufbau
5. Hauptteil mit Projektkompass, Maßnahmen und Kommunikationsmitteln
6. Diskussion der Ergebnisse, Interpretation/Kommentar und Bedeutung der Ergebnisse
7. Fazit, Handlungsempfehlungen, Ausblick
8. Literatur- und Quellenverzeichnis
9. Anhang (z.B. Materialien, Protokolle)

Tipps zur sprachlichen Gestaltung eines Projektberichts:

(1) Zielgruppenorientiert schreiben

Fragen Sie sich, für wen Sie schreiben. Wo und mit welchen Informationen können Sie Ihre Zielgruppe, für die Sie schreiben, im Arbeitsalltag unterstützen? Welche Informationen dürfen nicht fehlen und führen zu einer guten Bewertung?

(2) Klar und verständlich schreiben

Häufig eignet man sich während eines Projekts eine Fülle von Informationen an. Wie könnten diese gefiltert werden und auf die Leserschaft abgestimmt werden?

Meist hilft es, sich auf das Wesentliche zu konzentrieren und Transparenz zu schaffen. Je nach Adressat sollten Fremdwörter durch allgemein verständliche Worte bzw. einfache Begriffe durch Fachtermini ersetzt werden.

(3) Texte sinnvoll gliedern

Gut gegliederte Texte helfen dem Leser, sich zurechtzufinden und den Überblick zu behalten. Zur Strukturierung von Texten eignen sich treffende Überschriften, eine angemessene Gliederungstiefe, eine gut lesbare Schrift und -größe mit einem ausreichenden Zeilenabstand sowie ein ansprechendes Layout.

(4) Darstellungen zur Auflockerung und Akzentuierung verwenden

Mit Hilfe von Abbildungen, Tabellen, Graphiken, geographischen Karten und Bildern können Informationen häufig schneller kommuniziert und Aussagen unterstützt werden. Sie zeigen, dass der/die Verfasser/in komplexe Dinge begreiflich machen kann, tragen zur Abwechslung bei und erleichtern das Lesen.

(5) Sachlichen Schreibstil verwenden

Projektberichte sollten wesentliche Sachverhalte beinhalten, diese detailliert und verständlich beschreiben, die gewählte Vorgehensweise gut begründen und Informationen mit Quellen (z.B. Befragungen, Beobachtungen, Laboruntersuchungen, Literatur) belegen.

2.5 Vorspann, Einführung, Hauptteil, Schluss und Nachspann der Arbeit

a) Der Vorspann

Titel der Arbeit

Den Titel einer Arbeit liest der Leser meist als Erstes, wenn er eine Publikation in der Hand hält. Er stellt somit eine Visitenkarte dar und entscheidet oft bereits darüber, ob die Arbeit überhaupt gelesen wird. Er sollte prägnant sein und Aufmerksamkeit wecken.

Den Arbeitstitel kann man sich auch zur eigenen Orientierung zunutze machen, denn wenn er gut formuliert ist, gibt er den roten Faden vor. Ein klar formulierter Titel hilft auch, falls Sie die Absicht haben die Arbeit zu publizieren, später von interessierten Lesern online im Bibliothekskatalog OPAC (Online Public Access Catalogue) oder anderen elektronischen Medien gefunden zu werden. Mit der Festlegung des Titels wird eine bestimmte Leserschaft adressiert: eine eher kleine wissenschaftliche Gemeinschaft (Fachdisziplin) oder ein breiteres Publikum (z.B. mehrere Fachdomänen oder gesellschaftliche Gruppen).

Abkürzungen (mit Ausnahme von feststehenden Begriffen oder Organisationen, die auch im Duden zu finden sind) gehören in der Regel nicht in den Titel einer Arbeit.

Formulieren Sie den Obertitel allgemeiner und den Untertitel spezifischer aus, beispielsweise anhand von Eckpunkten (vgl. Kapitel 3.1).

Vorwort und Dank

Vorwort und Dank empfehlen sich besonders bei Abschluss- und Doktorarbeiten. Sie bieten die Gelegenheit, Dank an den/die Mentor/en bzw. Gutachter für die Unterstützung des längerfristigen Projekts auszusprechen und stehen vor dem Inhaltsverzeichnis der Arbeit. Dies ist auch ein guter Platz, die eigene Motivation für das Thema deutlich werden zu lassen. Hier oder in der Einleitung besteht die Möglichkeit, die Neugier des Lesers für Ihren Forschungsgegenstand zu wecken. Das Aussprechen des Danks erfolgt häufig in einer wertenden Reihenfolge, bei der zuerst dem Erstbetreuer, dann dem Zweitbetreuer und schließlich den befragten Experten und ggf. Korrekturlesern/-innen gedankt wird. Zum Abschluss des Vorworts stehen Ort, Monat und Jahr der Veröffentlichung (z.B. Berlin, im September 2012).

Inhaltsverzeichnis

Aufgabe des Inhaltsverzeichnisses ist es, zum einen dem Leser einen schnellen Überblick über die Kapitel der Arbeit und die dazugehörenden Seitenzahlen zu liefern. Hier wird der rote Faden der wissenschaftlichen Arbeit sichtbar. Zum anderen sind Sie, vor dem Hintergrund der Aufteilung einer Arbeit in Einleitung (ca. 15%), Hauptteil (ca. 80%) sowie Schluss (ca. 5%), in der Lage zu planen, wie viel Platz Sie den einzelnen Kapiteln einräumen.

Während des Schreibens oder am Schluss kann überprüft werden, welche Kapitel überfrachtet sind bzw. zu wenig Inhalt hergeben. Damit der Schreibfluss nicht gestört wird, empfiehlt es sich, erst am Schluss die Stellen zu kürzen, die überflüssig sind.

Die Seitenzahlen können ab dem Inhaltsverzeichnis mit eins beginnend bis zum Ende des Schlusskapitels durchnummeriert werden; der Anhang wird dann separat nummeriert. Eine mögliche Alternative ist auch, die Seiten ab dem Inhaltsverzeichnis mit eins beginnend bis zum Ende des Anhangs mit Zahlen zu versehen.

Eine weitere Option stellt die Einbettung von römischen Zahlen dar, wobei Vor- und Nachspann durchgehend römisch nummeriert werden. Der eigentliche Untersuchungsgegenstand erhält arabische Seitenzahlen. Auf dem Titelblatt wird die Seitenzahl immer ausgeblendet. Wie ein solches Verzeichnis aufgebaut sein kann, wird anhand einer Seminar-/Hausarbeit sowie Abschluss-/Doktorarbeit in Abbildung 1 und 2 beispielhaft demonstriert.

Abbildung 1: Aufbau-Beispiel für das Inhaltsverzeichnis einer Seminar-/Hausarbeit

Inhalt

Quelle: Eigene Erstellung.

Abbildung 2: Beispiel-Inhaltsverzeichnis einer Abschluss-/Doktorarbeit

Inhalt

Quelle: Eigene Erstellung.

Verzeichnis der Darstellungen

Im Abbildungs-, Tabellen- und Kartenverzeichnis befinden sich die Visualisierungen der wissenschaftlichen Arbeit. Einerseits erhält der Leser wieder einen Überblick, auf welcher Seite die entsprechende Darstellung zu finden ist, andererseits können auch Sie als Autor das Verhältnis zwischen Text und Darstellungen innerhalb Ihrer Kapitel überprüfen: An welcher Stelle könnte der Text durch Abbildungen veranschaulicht werden? Gibt es Kapitel, die nur aus Illustrationen bestehen?

Falls nur jeweils sehr wenige Abbildungen, Tabellen oder Karten in die Arbeit eingefügt wurden, macht es Sinn, diese als gemeinsame Überschrift *Abbildungs-, Tabellen- und Kartenverzeichnis* aufzuführen. Besteht dagegen eine größere Anzahl an entsprechenden Visualisierungen, ist es üblich, diese als separate Verzeichnisse anzulegen: Ein Anhaltspunkt dazu kann sein, beispielsweise ab zehn Abbildungen und zehn Tabellen jeweils eigene Verzeichnisse zu erstellen.

Abkürzungsverzeichnis

Bei der Erstellung dieses Verzeichnisses können grundsätzlich zwei Methoden unterschieden werden: Die erste Möglichkeit besteht darin, Abkürzungen, die nicht im Duden nachzuschlagen sind, aufzuführen und solche, die dort stehen, wegzulassen.

Bei der zweiten Variante werden alle Abkürzungen, die nicht im Text erklärt werden, im Abkürzungsverzeichnis aufgelistet.

Bei weniger geläufigen fremdsprachlichen Abkürzungen ist es ratsam, die deutsche Übersetzung in Klammern mit dahinter anzugeben. Bei allen Varianten sollte auf Vollständigkeit geachtet werden.

b) Die Einführung

Nachdem Sie dem Leser mit den Verzeichnissen einen Überblick über Ihre Arbeit und die verwendeten Darstellungen und Codierungen gegeben haben, folgt nun der eigentliche Textteil der wissenschaftlichen Arbeit. Im einleitenden ersten Kapitel führen Sie den Leser zum Thema hin.

Forschungshintergrund, Fragestellung und Zielsetzung der Arbeit

Als Einstieg in den Themenkomplex bietet es sich an, zunächst Ausgangssituation und aktuelle Entwicklungen – unter Einbeziehung bzw. Beachtung der öffentlichen Debatte – zu erläutern. Hier kann als Einführung zunächst ein globaler *Überblick über das Forschungsgebiet* gegeben werden, um im Anschluss, ausgehend von dieser Metaebene, die Materie weiter zu vertiefen.

Anhand von Zahlenmaterial können zum Beispiel aktuelle und historische Entwicklungen skizziert werden. Danach sollten zur weiteren Differenzierung besondere Eigenschaften des untersuchten Gegenstands näher erläutert werden, um spezifische Merkmale herauszuarbeiten und um Abgrenzungen zu anderen Untersuchungsbereichen herzustellen.

Des Weiteren ist sinnvoll, Theorien zum Thema heranzuziehen, Positionen von Autoren sowie wissenschaftliche Debatten vor dem Hintergrund des Themas darzustellen und zu kommentieren.

Im nächsten Arbeitsschritt gilt es, zunächst die *Frage-/Problemstellung* des untersuchten Themas zu klären:

- Wie genau lautet die Frage?
- Wer ist davon betroffen und daran beteiligt?
- Seit welchem Zeitpunkt existiert ggf. das Problem?
- Wann, wie ist das Ausmaß und wo tritt es auf?

Aus diesen Überlegungen eröffnet sich meist ein Untersuchungsfeld mit z.B. verschiedenen unter- bzw. nebengeordneten Forschungsfragen:

- Forschungsfrage 1
- Forschungsfrage 2
- Forschungsfrage 3

Kehren Sie die Forschungsfrage um in eine Zielsetzung. Gute Zielformulierungen erfordern einen gewissen zeitlichen Aufwand. Wird diese Stufe im Bearbeitungsprozess übersprungen, kann dies zu Problemen beim anschließenden Planungsprozess führen. Bereits die hierauf folgende Phase der Gliederungserstellung leidet, da die Schritte zur Zielerreichung unklar bleiben. Zielklarheit stellt eine der elementaren Grundlagen für das erfolgreiche Schreiben einer wissenschaftlichen Arbeit dar.

Folgende Aspekte helfen, die Ziele konkret zu formulieren:

1. *Durchführbarkeit* (d.h. das Ziel kann im gewählten Forschungsdesign erreicht werden)
2. *Genauigkeit und Klarheit* (d.h. Ober- und Unterziele sind eindeutig formuliert)
3. *Vollständigkeit* (d.h. alle wichtigen Elemente wurden aufgeführt)
4. *Nachprüfbarkeit* (d.h. der Erfolg der Zielerreichung kann genau bewertet werden)

Vor dem Hintergrund der vorherigen Überlegungen empfiehlt es sich, Fragestellung, Ziele und Nutzen der Untersuchung detailliert aufzuschreiben (vgl. Tabelle 5).

Tabelle 5: Beispiel zur Formulierung von Problemstellung, Zielsetzung und Nutzen einer wissenschaftlichen Arbeit

Thema der Arbeit	Qualitätsentwicklung bei der Programmplanung einer Bildungsstätte
Problematik	Die Bearbeitungs- und Kommunikationswege sind ineffizient. Dadurch sind auch die Verwaltungskosten in der Institution zu hoch.
Oberziel	Es soll untersucht werden, wie die Professionalität der Kursleiter erhöht und die Verwaltungskosten gesenkt werden können.
Unterziele	1. Abgrenzung von Aufgaben und Verantwortung, 2. die Kursleiter sollen ihre Kurse selbständig planen, 3. jeder Kursleiter soll für Bewerbung, Anmeldung, Abwicklung und Abrechnung seiner Veranstaltungen selbst zuständig sein.
Ziel und Nutzen	In der Arbeit geht es darum, Lösungsmöglichkeiten zu entwickeln, wie die Kommunikation mit den Zielgruppen verbessert und die Verwaltung in der Einrichtung entlastet werden kann.

Quelle: Eigene Erstellung.

Forschungsdesign und Methodik der Untersuchung

Sinn und Zweck des genannten Kapitels ist es, dem Leser zu erklären, wie die empirische Untersuchung, die Sie ggf. durchführen, aufgebaut ist. Handelt es sich beispielsweise um eine Befragung, die eine der häufigsten Erhebungsmethoden der empirischen Sozialforschung darstellt, dann geht es darum, den Aufbau des Fragebogens mit seinen Themenbereichen und Fragetypen sowie Stichprobe, Grundgesamtheit und Datenerhebung zu erläutern. Folgende Aspekte könnten wichtig bei der Beschreibung zum Aufbau des Fragebogens sein:

- soziodemographische Struktur der Befragten
- allgemeine Merkmale
- Themenbereiche
- Besonderheiten

Bei der geeigneten Auswahl von Fragetypen kann Abbildung 3 eine Hilfestellung sein.

Abbildung 3: Beispiele unterschiedlicher Fragetypen

a) *Offene* Fragen dienen dazu, keine Einschränkungen durch vorgegebene Antwortkategorien vorzunehmen.
Beispiel: Für welche Reiseländer interessieren Sie sich?

b) *Geschlossene* Fragen bieten dem Befragten eine Vorauswahl an Antwortkategorien an, was sich vor allem bei unschlüssigen Probanden als Vorteil erweist.
Beispiel: Nutzen Sie das Internet zur Reiseinformation?
☐ Ja ☐ Nein

c) Die *Likert-Skala* wird eingesetzt, um Aussagen über den Grad der Zustimmung bzw. Ablehnung der Probanden zu erhalten.
Beispiel: „Die Datensicherheit im Internet weist noch erhebliche Mängel auf".

1	2	3	4	5
☐ stimme ich sehr zu	☐ stimme ich zu	☐ stimme ich teils teils zu	☐ stimme ich weniger zu	☐ stimme ich gar nicht zu

d) *Alternativfragen (Multiple Choice)* dienen dazu, drei oder mehr Antwortalternativen zur Auswahl zu stellen.
Beispiel: Wie hoch sind Ihre durchschnittlichen Ausgaben pro Reisebuchung im Internet in den letzten 12 Monaten gewesen (in Euro)?

☐ bis unter 500	☐ 2500 bis unter 3500	☐ 5500 bis unter 6500
☐ 500 bis unter 1500	☐ 3500 bis unter 4500	☐ 6500 bis unter 7500
☐ 1500 bis unter 2500	☐ 4500 bis unter 5500	☐ 7500 und mehr
☐ keine Ausgaben		

Quelle: THOMAS 2005, S. 113f., leicht verändert.

Grundgesamtheit und Stichprobe

In der empirischen Sozialforschung bezeichnet die Grundgesamtheit die Menge aller möglichen Untersuchungsobjekte zu einer spezifischen Fragestellung. Da diese häufig sehr groß ist, wird in der Praxis meist nicht die komplette Grundgesamtheit, sondern eine kleine Stichprobe daraus analysiert, die für die Grundgesamtheit repräsentativ sein kann.

Angenommen, Sie möchten eine Befragung zur Nutzung des Internets in Deutschland durchführen. Die Grundgesamtheit wären dann alle Personen in Deutschland, die das Internet nutzen. Als Stichprobe sollen 200 Personen befragt werden. Da der Anteil der Stichprobe an der geschätzten Grundgesamtheit relativ gering ist, könnte an dieser Stelle kein Anspruch auf Repräsentativität erhoben werden.

Bei statistisch komplexen Forschungsvorhaben, bei denen Sie sich unsicher sind, sollten Sie den Betreuer Ihrer Arbeit für eine statistische Beratung konsultieren bzw. sich von Experten fachlich beraten lassen.

Aufbau der Arbeit

Das Kapitel schließt mit der Vorstellung zum Aufbau der Arbeit ab. An dieser Stelle genügt es meist, überblicksartig in zwei bis drei Sätzen pro Kapitel zu beschreiben, worum es in den jeweiligen Kapiteln geht. Der Leser soll in Kurzform über die Architektur und den Ablauf der Forschungsarbeit informiert werden.

c) Der Hauptteil

Historie und Begriffsabgrenzung

Der Hauptteil der Arbeit stellt mit ca. 80% des Textes den aufwändigsten und umfangreichsten Bereich dar (vgl. Tabelle 1-3). Hier können historische Entwicklungen der Thematik vertieft werden. Diese sollten jedoch nicht ausufern und zielführend nur die notwendigsten Informationen liefern. In jedem Fall sollte der direkte Bezug zum untersuchten Gegenstand für den Leser erkennbar sein.

Darüber hinaus ist es sinnvoll, zu Beginn relevante Fachterminologien und Schlüsselbegriffe zu definieren. Durch eine frühzeitige Abgrenzung der Begrifflichkeiten schaffen Sie für sich selbst und den Leser Transparenz. Auf welche Definitionen und Konzeptionen beziehen Sie sich? Besser noch: Sie entwickeln eine eigene Definition (ggf. in Anlehnung an bereits bestehende Begriffsbestimmungen), weil dies eine eigenständige wissenschaftliche Leistung darstellt. Dazu kann folgende Vorgehensweise hilfreich sein:

1. Definieren Sie die zentralen Begriffe Ihrer Arbeit.

2. Analysieren Sie die Herkunft der Begriffe.

3. Versuchen Sie die Begriffe besser zu formulieren oder zu ergänzen und erklären Sie Ihre Überlegungen auf dem Weg dorthin.

Welche Regeln gilt es nun beim Definieren zu beachten?[1]

Tabelle 6: Regeln des Definierens

1. Schreiben Sie präzise und knapp!	Eine Definition sollte einen Sachverhalt auf den Punkt bringen und weder ausufern noch wesentliche Aspekte vermissen lassen.
2. Vermeiden Sie verbale Redundanzen!	Bei Begriffsdefinitionen sind unnötige Wiederholungen, d.h. funktions-, inhalts- oder wesensgleiche Bedeutungen zu vermeiden (z.B. „immer und ewig“, „voll und ganz“, „weißer Schimmel“).
3. Schaffen Sie Klarheit für den Leser!	Legen Sie sich mit Ihrer Definition fest und schließen Sie andersartige Interpretationsmöglichkeiten und Annahmen aus.
4. Verzichten Sie auf Ausnahmen!	Ausnahmen bestätigen die Regel, sind jedoch kein Bestandteil von Definitionen.
5. Formulieren Sie positiv und direkt!	Ziehen Sie Formulierungen vor, die aussagen, was etwas ist, woraus etwas besteht und nicht so sehr, was etwas nicht ist bzw. woraus etwas nicht besteht.

Quelle: Eigene Erstellung.

Spannungsfelder

Im Hauptteil bietet es sich an, Modelle und mögliche Spannungsfelder zur Fragestellung (z.B. durch Gegenüberstellung von Chancen und Barrieren bzw. Vor- und Nachteilen) zu erörtern. In dem Zusammenhang sollte sich auch mit gegensätzlichen wissenschaftlichen Standpunkten auseinandergesetzt werden, um unterschiedliche Haltungen zum Thema der Arbeit einfließen zu lassen. Zur Darstellung konträrer wissenschaftlicher Positionen kann sich folgende Vorgehensweise eignen:

1. Ausformulierung der Problematik
2. Präsentation verschiedener Standpunkte
3. Bewertung der Standpunkte
4. Kennzeichnung der eigenen Position als Schreiber
5. Anregung des Lesers zum Finden einer eigenen Haltung (vgl. Kap. 6.4)

---

[1] Vgl. auch WERDER, Lutz v. (2003): Creative Thinking. Die Ideenfabrik. Die effektivsten Denkmethoden großer Philosophen für Schule, Studium und Beruf, Berlin, Milow.

Eigene Erhebungen und Studien anderer Autoren

Wissenschaftstexte, die nur aus Theorien bestehen, verlieren häufig an Realitätsnähe und letztlich an Überzeugungskraft. Um diese zu veranschaulichen und einen Praxisbezug herzustellen, können Beispiele anhand eigener Erhebungen oder Fallstudien (Case Studies) anderer Autoren hinzugezogen werden. Die Verflechtung von Theorie und Praxis bietet zudem den Vorteil, dass Argumentationen auf einem stabileren Fundament stehen. Im Hinblick auf ein mögliches späteres Berufsfeld in der anwendungsorientierten Wissenschaft oder Wirtschaft kann diese Vorgehensweise sogar positiv bewertet werden. Insbesondere bei der *dualen Hochschulausbildung* bildet die Verzahnung von Theorie und Berufspraxis einen Schwerpunkt und findet dort auch in den Abschlussarbeiten ihren Ausdruck.

Bei den besprochenen empirischen Daten kann es sich entweder um Ihre eigenen Erhebungen oder um Studien anderer handeln. Bei beiden Varianten bietet es sich zur Hinführung des Lesers an die Thematik an, die Erhebungseinheiten kurz vorzustellen und beispielsweise soziodemographische Daten (z.B. Alter, Geschlecht, Familienstand, Haushaltsgröße, Bildungsabschluss, Einkommen) zu erklären. Nachdem die Studien vorgestellt wurden, sollten am Ende des Hauptteils die Ergebnisse daraus präsentiert und kommentiert werden. Welche Kernaussagen liefern die Daten? Was ist dabei besonders relevant für die Argumentations- und Gedankenführung?

Diskussion der Ergebnisse, Erkenntnisse und Empfehlungen

Um die wissenschaftliche Diskussion zu starten, erweist es sich als hilfreich, zunächst die wichtigsten Ergebnisse zusammenzufassen: Welche signifikanten Resultate liefert die Untersuchung? Wie sind diese innerhalb des Forschungsgebiets zu positionieren und zu bewerten? Darauf aufbauend wird die Hypothese, die ggf. in der Einleitung gestellt wurde, überprüft. Diese kann nun *bestätigt bzw. teilweise bestätigt* oder *widerlegt bzw. teils widerlegt* werden. Im Anschluss daran können Sie noch einmal Bilanz zu den Forschungsergebnissen ziehen und entsprechende Trends für die Zukunft ableiten: Welche Empfehlungen bieten sich nun aus Ihrem Untersuchungsgebiet, beispielsweise für Wirtschaft, Politik, Gesellschaft, Bildung oder die weitere Forschung, an? Wurde zuvor möglicherweise ein Großteil der Arbeit auf den Meinungen anderer Autoren aufgebaut, kann nun selbst Stellung zum Thema bezogen, kritisch nachgedacht und interpretiert werden. Gerade dieser Punkt scheint – wie unsere Beratungspraxis zeigt – für viele Betreuer an Bedeutung zu gewinnen: Auch im Hochschulbereich werden zunehmend *kreative Konzepte*, *Ideen* und *Lösungsmöglichkeiten* verlangt, so wie es letztlich auch die Arbeitswelt erwartet. Diese besondere wissenschaftliche Eigenleistung kann auch in Form von *Empfehlungen,* eines *Szenarios oder Modells* eigenständig entwickelt werden.

d) Der Schluss

Zusammenfassung

Am Ende der Arbeit werden noch einmal die wesentlichen Inhalte wiedergegeben. Die Zusammenfassung wird in der Regel im Präsens (zunächst ohne Interpretation und Bewertung) verfasst. Hier werden Ergebnisse und Methoden in einer eher allgemein verständlichen Fachsprache dargestellt.

Fazit und Schlussfolgerung

Im Gegensatz zur Zusammenfassung stellt ein Fazit bzw. Resümee meist eine *wertende* Zusammenfassung dar. Zudem kann es Ausblicke in die Zukunft enthalten; auch Appelle oder eine Schlussfrage sind möglich.

Eine Schlussfolgerung wird aus den Ergebnissen und Erkenntnissen einer wissenschaftlichen Arbeit abgeleitet. Diese Schlussfolgerungen sind nicht immer leicht zu fassen, gerade wenn nicht erwartete/weniger positive oder den Anfangshypothesen widersprechende Ergebnisse auftreten; dann sind mögliche Erklärungen dafür anzuführen. Die Art des Schlussfolgerns sollte vorurteilsfrei und begründet formuliert sein.

Ausblick

Da sich im Rahmen der Untersuchung ggf. weitere Forschungslücken aufgetan haben, die jedoch aufgrund des zeitlich abgesteckten Rahmens und der Zielsetzung nicht bearbeitet werden können, besteht im *Ausblick* die Gelegenheit, darauf hinzuweisen, auf welchen Gebieten sich weitere Recherchen anschließen könnten.

Insgesamt sollte auf den Schlussteil der Arbeit größten Wert gelegt werden (so wie es auch viele Betreuer/Auftraggeber tun) und die eigene Meinung nicht zu kurz kommen, da der Ausblick die Reflexion des Schreibenden darstellt und nach Abschluss der Lektüre noch nachwirkt. Es sollte nicht wieder das Gleiche wie in den vorherigen Kapiteln geschrieben, sondern das Besondere der wissenschaftlichen Arbeit hervorgehoben werden. Die Frage, welche Erkenntnis aus der Arbeit gezogen wird, sollte an dieser Stelle (ggf. noch einmal) beantwortet werden.

Der Leser erlebt bestenfalls einen *Aha-Effekt* und kann die Schlussfolgerung in der Logik nachvollziehen. Hierzu eignen sich praktische Beispiele, die das Beschriebene untermauern.

e) Der Nachspann

Literatur- und Quellenverzeichnis

Das Literatur- und Quellenverzeichnis dient dem Leser dazu, möglichst schnell nachzuschlagen, welche Quellen verwendet wurden. Es existieren verschiedene Ordnungssysteme:

- alphabetisch
- kapitelweise
- primär- und sekundärliteraturbezogen
- eine Kombination daraus

In jedem Fall sollte auf ein durchgängig einheitliches System geachtet werden, das an der Vorgehens- und Zitierweise Ihres Lehrstuhls bzw. Ihrer Organisation/Institution angelehnt ist.

1. Alphabetische Anordnung

Bei der alphabetischen Anordnung werden die Autoren von A bis Z angeordnet. Werden vom gleichen Autor mehrere Quellen aus demselben Jahr verwendet, erfolgt eine Kennzeichnung mit Kleinbuchstaben (z.B. a, b, c, d, ...) hinter der Jahreszahl, um die Quellen auch im Text zu unterscheiden (z.B. SCHULZ 2012a, SCHULZ 2012b usw.) (vgl. Kapitel 8.1).

2. Kapitelweise Anordnung

Die kapitelweise Anordnung der Quellen hat den Vorteil, je Kapitel die Herkunft der Angaben nachvollziehen zu können. Ein Nachteil dabei besteht allerdings in einer möglichen Aufblähung des Literaturverzeichnisses: Wenn Sie gleiche Quellen mehrmals in verschiedenen Kapiteln verwenden, tauchen diese häufiger auf.

3. Anordnung nach Primär- und Sekundärliteratur

Eine Anordnung nach Primär- und Sekundärliteratur gibt Aufschluss darüber, wie hoch der Anteil der Studien zur Grundlagenforschung ist. Je nach Wissenschaftszweig (z.B. Geschichte) ist es ratsam, viele Primärquellen zu zitieren.

Der Zugang zu einem bestimmten Themenbereich kann über die Sekundärliteratur (v.a. über Handbücher des Fachbereichs) sinnvoll sein, weil die bisherigen zentralen Forschungsergebnisse häufig schon überblicksartig präsentiert werden und Sie sich nicht erst durch die komplette Materie durcharbeiten müssen, was sehr zeitaufwendig sein kann. Ein Nachteil ist, dass Ihre Sicht möglicherweise zu stark von Autoren aus der Sekundärliteratur beeinflusst wird. Spätestens beim Verfassen einer Doktorarbeit wird das Zitieren der einschlägigen Primärquellen vorausgesetzt.

Anhang

In den Anhang gehören alle wichtigen Daten, die zum Schreiben der Arbeit beigetragen haben sowie Informationen, die den Lesefluss stören würden, stünden diese alle im Text. Das können beispielsweise Fragebögen zur Untersuchung und zugehörige empirische Auswertungen sein (z.B. mit SPSS oder Excel), Leitfäden zu Expertengesprächen, Auszüge aus bedeutenden transkribierten Stellen, komplexe Tabellen und Graphiken sowie ggf. der Lebenslauf.

Längere Anhänge können noch einmal separat mit römischen (I, II, III,...) oder arabischen Zahlen (1, 2, 3,...) durchnummeriert werden. Bei kürzen Anhängen ist nicht notwendigerweise eine Nummerierung erforderlich.

a) Fragebogen, Leitfäden zu Expertengesprächen, empirische Auswertung

Im Anhang können Fragebögen in der jeweiligen Sprache, in denen die Befragung durchgeführt wurde, stehen. Auch Leitfäden zu geführten Expertengesprächen gehören in den Anhang, um nachvollziehen zu können, welche Fragen für das Gespräch vorbereitet wurden. Komplexe Auswertungen zu empirischen Untersuchungen stehen ebenfalls im Anhang, Auszüge (meist graphisch aufbereitet) daraus an passender Stelle im Text.

b) Index

Bei einem Index handelt es sich um ein alphabetisches Register von Schlüsselbegriffen. Diesen Begriffen sind die jeweiligen Seitenzahlen zugeordnet, wo sie im Text gefunden werden können. Ein Index steht in der Regel am Ende einer wissenschaftlichen Arbeit. Die manuelle Erstellung kann sehr arbeitsintensiv sein, trägt jedoch zu einem professionellen Erscheinungsbild bei. Hilfe dabei können geeignete PC-Programme, die dies automatisch tun, bieten.

c) Lebenslauf

Lebensläufe stehen meist am Ende von Doktorarbeiten. Sie geben Auskunft über den wissenschaftlichen bzw. beruflichen Werdegang des Doktoranden. Dieser eher kurz gefasste CV von meist einer Seite soll einen schnellen Überblick über die Hauptstationen liefern.

d) Abstract

Bei einem Abstract handelt es sich um eine kurze Inhaltsangabe am Anfang oder Ende eines Zeitschriftenartikels oder Buches. Hier werden in kurzer Form Frage-/Problemstellung, Ergebnisse und Methodik der Untersuchung vorgestellt. Da viele Leser sich aufgrund der Informationsflut und eingeschränkten Zeit erst Inhaltsverzeichnis und Abstract von Büchern bzw. Fachzeitschriften ansehen, können diese ausschlaggebend sein, ob die Arbeit Beachtung findet.

e) Eidesstattliche Erklärung
Bei Abschluss- und Doktorarbeiten ist es üblich, eidesstattliche Erklärungen am Anfang oder Ende der Arbeit einzufügen. Dort wird handschriftlich unterschrieben, dass man selbst und eigenständig das Manuskript verfasst sowie keine anderen als die angegebenen Hilfsmittel verwendet hat. Gerade im Zeitalter des Internets, welches jüngst gezeigt hat, dass die Wissenschaft leider nicht von Plagiaten verschont bleibt, ist diese Erklärung am Ende der Arbeit eine ernst zu nehmende Aufgabe.

Nachfolgende Abbildung 4 demonstriert noch einmal graphisch wie eine wissenschaftliche Arbeit aufgebaut ist.

Abbildung 4: Textaufbauschema einer wissenschaftlichen Arbeit

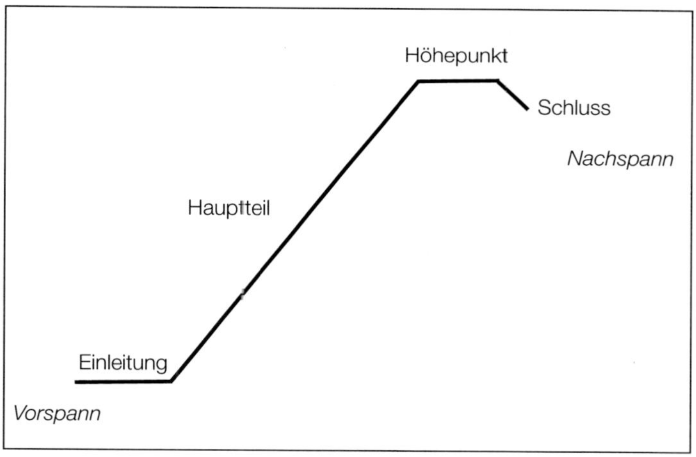

Quelle: Eigene Erstellung.

2.6 Bewertungskriterien einer wissenschaftlichen Arbeit

Bereits in der Planungsphase ist es vorteilhaft, sich Kenntnis über die genauen Kriterien zur Beurteilung einer wissenschaftlichen Arbeit zu verschaffen, die von Dozent zu Dozent unterschiedlich ausfallen können. Folgende Auswahl häufig angewandter Beurteilungskriterien zur *inhaltlichen, strukturellen* und *formalen* Qualität kann als Hilfestellung beim Verfassen einer Arbeit dienen; in dieser Reihenfolge sollten auch die Prioritäten gesetzt werden:

1. Inhaltliche Aspekte zur Bewertung

- Fragestellung und Zielsetzung der Arbeit (z.B. W-Fragen stellen)
- Wissenschaftlichkeit (z.B. Untersuchung für Dritte nachvollziehbar, neuer Blickwinkel, Nutzen, Nachprüfbarkeit, Fortsetzung der Diskussion in der wissenschaftlichen Öffentlichkeit)
- Begriffsabgrenzungen und Definitionen
- geeignete Methoden zur Bearbeitung des Themas (z.B. qualitative, quantitative Erhebungen) und deren Begründung, korrekte Anwendung und Auswertung, Darstellung der Erhebungsinstrumente (z.B. Fragebogen, Gesprächsleitfaden)
- Beispiele (z.B. aus der Unternehmenspraxis)
- Zusammenfassung, Fazit und Ausblick (z.B. Interpretation von Ergebnissen, Skizzieren von Empfehlungen, Perspektiven, Szenarios als Eigenleistung des Autors)

2. Strukturelle Aspekte zur Bewertung

- roter Faden (z.B. aussagekräftige Gliederungspunkte, angemessene Gliederungstiefe, Aufbau mit Einleitung, Hauptteil und Schluss)
- Primär- und Sekundärliteratur (z.B. einschlägige Literatur des Lehrstuhls)
- theoretische Grundlagenkapitel und Praxisteil (z.B. Verknüpfung, Beispiele)
- Argumentation (z.B. logische Argumentationsketten, Diskussion unterschiedlicher Meinungen)
- Lösungsansätze (z.B. Handlungsempfehlungen für die Praxis erarbeiten)
- Überleitungen und Verweise zu anderen Kapiteln
- Aufgreifen der Fragen aus der Einleitung im Schlusskapitel
- kritische Auseinandersetzung mit dem Thema, selbständige Bearbeitung, Visualisierung und komprimierte Darstellung komplexer Zusammenhänge sowie Einbringen von Ideen und Konzepten

3. Formale Aspekte zur Bewertung

- Seitenumfang und Nummerierung entspricht den Vorgaben (z.B. mit Betreuer absprechen)
- Vollständigkeit der Angaben auf dem Deckblatt der Arbeit (z.B. Hochschule, Ort Fachbereich, Titel, Autor/-in, Datum, Immatrikulationsnummer, Erst-/Zweitgutachter)
- korrekte Nummerierung (z.B. Inhalts-, Abbildungs-, Tabellen- und Literaturverzeichnis)
- einheitliche und richtige Zitierweise (z.B. amerikanische vs. deutsche oder eine Kombination daraus, Übereinstimmung zitierter Quellen im Text mit denen im Literaturverzeichnis)

- Richtigkeit von Ausdruck, Sprache, Stil und Rechtschreibung (z.B. Satzbau, Synonyme, Fachterminologien)
- angemessene Visualisierungen (z.B. Tabellen und Abbildungen zur Unterstützung von Sachverhalten, aussagekräftige Beschriftung und Quellenangaben, gute Druckqualität der Darstellungen)

4. Gesamteindruck

- lösungsorientierte Herangehensweise
- Anspruchsniveau der Arbeit
- Eigeninitiative, Vorgehensweise, Kreativität und Transfervermögen hinsichtlich Theorie und Praxis
- Aufwand und Rahmenbedingungen zur Bearbeitung des Themas

Manchmal kann es hilfreich sein, sich mit „sehr gut" benotete Arbeiten aus dem Fachbereich auszuleihen, um zu sehen, wie diese aufgebaut und geschrieben wurden.

2.7 Zwischenfazit: Ordnung im Kopf

1. Teilen Sie Ihre wissenschaftliche Arbeit in die jeweiligen Kapitel ein und planen Sie die Seitenzahlen entsprechend der vorgegebenen minimalen und maximalen Gesamtseitenzahl!
2. Sollten Sie keine Vorgabe vom Betreuer bzw. Auftraggeber erhalten, können Sie sich zum Zwecke der Orientierung und des Zeitmanagements selbst eine geben!
3. Entwerfen Sie für die zu erledigenden Aufgaben und das Schreiben der einzelnen Kapitel einen Zeitplan!

Raum für eigene Notizen:

3 Themenfindung und -eingrenzung

Das nachfolgende Kapitel beschäftigt sich mit dem Prozess der Themenfindung, -eingrenzung und Titelformulierung. Anhand verschiedener Methoden und Beispiele wird demonstriert, wie Themen gefunden und eingegrenzt werden können.

3.1 Schritte zur Themenfindung und -eingrenzung

Dem Prozess der Themenfindung und -eingrenzung vorausgehen sollten zunächst das Besorgen der Prüfungsordnung, die Auswahl des Betreuers und die Berücksichtigung der persönlich zur Verfügung stehenden Zeit.

1. Prüfungsordnung

Vor Beginn der Arbeit ist es wichtig zu prüfen, welche Regularien an der jeweiligen Fakultät existieren, ob alle Voraussetzungen erfüllt und eventuell Spezialkenntnisse aus Hilfswissenschaften bzw. besondere Sprachkenntnisse erforderlich sind, ein Thema zu bearbeiten.

2. Auswahl des Betreuers

Eigene Überlegungen zur möglichen Auswahl des Betreuers sollten ebenfalls schon vor der Suche nach einem Thema stattfinden. Ein besonders wichtiger Aspekt ist einerseits die Frage nach der fachlichen Ausrichtung und Kompetenz des Betreuers: Welches sind seine Forschungsschwerpunkte? Welche Themen interessieren ihn? Andererseits spielt der Aspekt der zwischenmenschlichen Chemie eine nicht unerhebliche Rolle: Kann der Betreuer bei der Themenfindung helfen? Erweist er sich als hilfsbereit, bei Schwierigkeiten unterstützend als Mentor zur Seite zu stehen und Gespräche bei Problemen zu führen bzw. bringt er die nötige Zeit mit oder befindet er sich evtl. im Forschungssemester, in den Semesterferien etc.?

3. Zeitfaktor

Wie viel Zeit steht mir maximal aus persönlichen Gründen (z.B. Freizeit, Urlaub etc.) für die Bearbeitung des Themas zur Verfügung? Besser ist es, ein eher überschaubares als ein ausuferndes Thema auszuwählen bzw. ein breites Thema klar einzugrenzen.

Wie kann ein Thema gefunden und eingegrenzt werden? Zunächst einmal sind das Interesse und das Fachwissen am Untersuchungsgegenstand wichtig, um die entsprechende Motivation zum Forschen und Schreiben beizubehalten. Studierende, die während des Studiums immer wieder *zündende Ideen* aufschreiben, zu denen sie eine wissenschaftliche Arbeit schreiben könnten, sind klar im Vorteil. Welche Themen sind seitens der Hochschule und angesichts der aktuellen wirtschafts- und gesellschaftspolitischen Lage nützlich und zukunftsträchtig? Was wurde noch nicht oder wenig bearbeitet? Was müsste unbedingt weiterentwickelt werden? Viele Dozenten geben auch in Vorlesungen und Seminaren Hinweise auf interessante Forschungsgebiete oder Themen für Haus-, Bachelor- und Masterarbeiten. Einige formulieren im Ausblick ihrer Arbeit weiter zu erforschende Felder.

Schreibende tun sich vielfach schwer, ein Thema abzugrenzen und einen entsprechenden Titel für die Arbeit zu formulieren. Da immer mehr Hochschulen bei Anmeldung der Abschlussarbeit die Festlegung auf einen (häufig nicht mehr veränderbaren) Titel in der Studien-/ Prüfungsordnung vorsehen, steht diese Phase bereits am Anfang der Arbeit und ist auch hinsichtlich des Zeitmanagements von großer Bedeutung.

Formulieren Sie daher Fragestellung und Titel möglichst schon in der Planungsphase komplett aus. Das frühe Festlegen des Arbeitstitels ist insofern sinnvoll, dass Sie die Eck- und Gliederungspunkte der Arbeit beizeiten benennen (vgl. Abbildung 5).

Abbildung 5: Themeneingrenzung durch das Fixieren von Eckpunkten im Titel einer wissenschaftlichen Arbeit

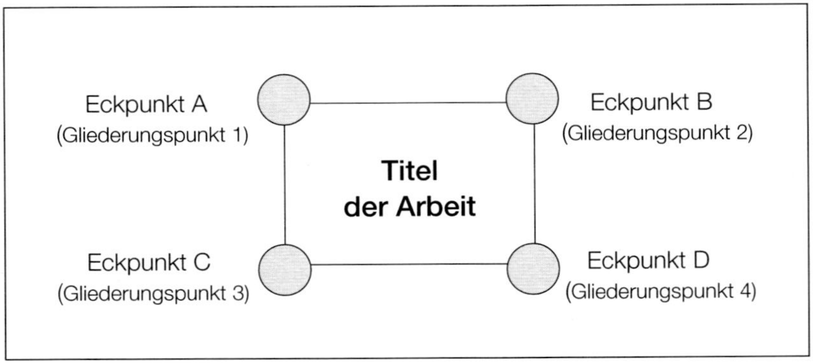

Quelle: Eigene Erstellung.

Um einen aussagekräftigen Titel formulieren zu können, sind Fragestellung und Zielsetzung der Arbeit, deren Ausarbeitung meist vorher oder parallel zur Themeneingrenzung erfolgt, zu klären. Die sorgfältige Themeneingrenzung und Titelformulierung zu Beginn der Arbeit hat drei wesentliche Vorteile: Zum einen kann die *Gliederung* auf der Grundlage der Eckpunkte im Titel konzipiert werden, zum anderen wird die *Literatursuche* gezielter ausfallen, weil das Thema jetzt „eingerahmt" ist, was sich wiederum positiv auf das *Zeitmanagement* auswirkt.
Bei der Planung einer wissenschaftlichen Arbeit sollte so früh wie möglich Kontakt mit (potentiellen) Mentoren aufgenommen werden, um das Vorhaben zu besprechen. Zu einer guten Gesprächsvorbereitung zählt das Formulieren eines möglichen Arbeitstitels mit einer ersten Gliederung. Tabelle 7 hilft Ihnen bei der Themeneingrenzung.

Tabelle 7: Merkmale zur Eingrenzung von Idee und Thema einer wissenschaftlichen Arbeit

Branche	*Über welchen Sektor möchten Sie schreiben?* (z.B. Tourismus, Gesundheitswesen, Kultur-/Bildungsbereich, Einzelhandel, Finanzsektor, Wasserwirtschaft)
Geographischer Bezug	*Auf welchen geographischen Raum bezieht sich Ihre Untersuchung?* (z.B. Länder, Bundesländer, Regionen, Städte, Gemeinden)
Zeitlicher Rahmen	*Könnte es ggf. Sinn machen, einen bestimmten Zeitraum für die Untersuchung auszuwählen?* (z.B. die letzten 10 Jahre, zwischen ... und ..., Nutzungsveränderung im Zeitraum X, Entwicklungsprozess von ... bis ..., Entwicklungsstadien)
Person, Forschungs-richtung, Schule	*Stehen bestimmte Epochen, Forschungsrichtungen oder Schulen im Fokus der Arbeit?* (z.B. Walter Gropius, Neues Bauen)
Aspekte	*Möchten Sie Ihre Arbeit hinsichtlich spezieller Kriterien beleuchten?* (z.B. kulturelle, wirtschaftliche, soziale, demographische)
Vergleich	*Macht es ggf. Sinn einen Vergleich vorzunehmen?* (z.B. hinsichtlich Ländern, Regionen, Städten, Unternehmen, Methoden, Modellen, Lebensräumen, Zielgruppen)
Spannungs-felder	*Geht es in der Untersuchung um die Darstellung bzw. Auflösung von Konflikten?* (z.B. Pro-Kontra-Positionen, Entwicklungen, Folgen, Potentiale, Ausblick, Perspektiven)

Quelle: Eigene Erstellung.

Nachfolgendes Beispiel soll mögliche methodische Schritte zur Themeneingrenzung verdeutlichen: Angenommen Sie möchten eine wissenschaftliche Arbeit zum Thema „Marketing“ schreiben. Da der Begriff ein großes Forschungsspektrum umfasst, könnten z.B. folgende Eingrenzungen vorgenommen werden (vgl. Tabelle 8).

Tabelle 8: Themeneingrenzung am Beispiel „Marketing“

1. Schritt: Welche *Art* von Marketing? *Elektronisches* Marketing
2. Schritt: In welcher *Branche* soll Marketing untersucht werden? Elektronisches Marketing im *Tourismus*
3. Schritt: Welche *besonderen Merkmale* gilt es zu untersuchen? *Interkulturelles* elektronisches Marketing im Tourismus.
4. Schritt: Welche *wirtschaftlichen Aspekte* können dazu beitragen, das Thema weiter einzugrenzen? Interkulturelles elektronisches Marketing im Tourismus. *Untersuchung zum touristischen Konsumverhalten im Internet am Beispiel der Internetnutzung.*
5. Schritt: In welchem *geographischen Raum* soll die Untersuchung stattfinden? Interkulturelles elektronisches Marketing im Tourismus. Untersuchung zum touristischen Konsumverhalten im Internet am Beispiel der Internetnutzung *in Deutschland, Südostasien und der Australien-Pazifik-Region.*

Quelle: Eigene Erstellung.

3.2 Formulierung von Ober- und Untertitel

Bei sehr langen Arbeitstiteln (wie im vorherigen Beispiel) bietet es sich an, einen Ober- und Untertitel zu formulieren. Diese können beispielsweise durch einen Punkt, Gedankenstrich oder Doppelpunkt gekennzeichnet werden. Eine andere Möglichkeit ist die Hervorhebung des Obertitels durch eine größere Schrift bzw. Fettdruck oder eine zentrierte Formatierung (vgl. Tabelle 9).

Tabelle 9: Beispiel zur Bildung von Ober- und Untertitel mit optischer Kennzeichnung

1. Kein Satzzeichen: Interkulturelles elektronisches Marketing im Tourismus Untersuchung zum touristischen Konsumverhalten im Internet am Beispiel der Internetnutzung in Deutschland, Südostasien und der Australien-Pazifik-Region
2. Gedankenstrich: Interkulturelles elektronisches Marketing im Tourismus – Untersuchung zum touristischen Konsumverhalten im Internet am Beispiel der Internetnutzung in Deutschland Südostasien und der Australien-Pazifik-Region
3. Doppelpunkt: Interkulturelles elektronisches Marketing im Tourismus: Untersuchung zum touristischen Konsumverhalten im Internet am Beispiel der Internetnutzung in Deutschland Südostasien und der Australien-Pazifik-Region
4. Fettdruck: **Interkulturelles elektronisches Marketing im Tourismus** Untersuchung zum touristischen Konsumverhalten im Internet am Beispiel der Internetnutzung in Deutschland, Südostasien und der Australien-Pazifik-Region
5. Schriftgröße, Fettdruck und zentriertes Format: **Interkulturelles elektronisches Marketing im Tourismus** Untersuchung zum touristischen Konsumverhalten im Internet am Beispiel der Internetnutzung in Deutschland, Südostasien und der Australien-Pazifik-Region

Quelle: Eigene Erstellung.

Eine schrittweise Eingrenzung des Themas erweist sich insofern als vorteilhaft, als dass frühzeitig eine Struktur für die Gliederung aufgebaut wird und gezielt Literatur gesucht werden kann!

3.3 Entwicklung einer Gliederung mit der Mind-Map-Methode

> „Eine Gliederung sollte eine zentrale Idee haben, die mit dem Thema in innerer Beziehung steht. Die einzelnen Punkte der Gliederung sollten gut voneinander abgegrenzt und gleichzeitig durch die Gliederung verbunden sein. Die Gliederung soll zugleich roter Faden für die Arbeit sein, indem sie das Thema der Kapitel vorgibt" (KRUSE 2005, S. 226).

Wie das einleitende Zitat zeigt, dient die Gliederung der Navigation durch die wissenschaftliche Arbeit und ihrer Kapitel mit den jeweiligen Inhalten. Bevor mit Hilfe einer Mind-Map beispielhaft die schnelle Erstellung einer Gliederung demonstriert wird, werden zunächst gängige Gliederungsmuster vorgestellt (vgl. Tabelle 10).

Tabelle 10: Gliederungsmuster

1. Vom Allgemeinen zum Besonderen (Deduktive Gliederung) Beispiel: Rheinland-pfälzische Wasserstraßen und ihre Qualität Aktuelle Fischbestände in der Mosel
2. Vom Besonderen zum Allgemeinen (Induktive Gliederung) Beispiel: Aktuelle Fischbestände in der Mosel Rheinland-pfälzische Wasserstraßen und ihre Qualität
3. Chronologische Gliederung (gestern-heute-morgen) Beispiel: Bundesgartenschau Koblenz 2011 und ihre Auswirkungen auf den Städtetourismus danach
4. Gliederung nach Gemeinsamkeiten und Unterschieden (Vergleich) Beispiel: Untersuchung des Internetnutzerverhaltens in den USA und China
5. Gliederung nach Beziehung der Teile zum Ganzen (Relation) Beispiel: Arbeitslosigkeit in Rheinland-Pfalz nach Landkreisen
6. Gliederung nach Pro-Contra-Synthese (Erörterung) Beispiel: Standortanalyse zur Errichtung eines Ferienparks am Ort X – Chancen, Risiken und Handlungsempfehlungen

Quelle: Eigene Erstellung.

Mit der Entscheidung für ein Thema und der Ausformulierung des Titels wird auch Einfluss auf die Gliederung genommen, für die es verschiedene Möglichkeiten des Aufbaus gibt, wie Tabelle 10 zeigt. Neben diesen klar abgegrenzten Mustern sind zahlreiche Mischformen bei der Entwicklung von Gliederungen möglich. Anhaltspunkt zur Entscheidung für eine bestimmte Form bieten Fragestellung und Zielsetzung der Arbeit.
Um in kürzester Zeit eine Gliederung aufzustellen, bietet sich die Methode des Mind-Mapping *(engl. Erstellung von Gedankenlandkarten)* an (vgl. Kapitel 5.3). Damit können erste Zusammenhänge graphisch gesichtet werden, die für eine Gliederung hilfreich sein können.

Abbildung 6: Vorteile des Mind-Mapping

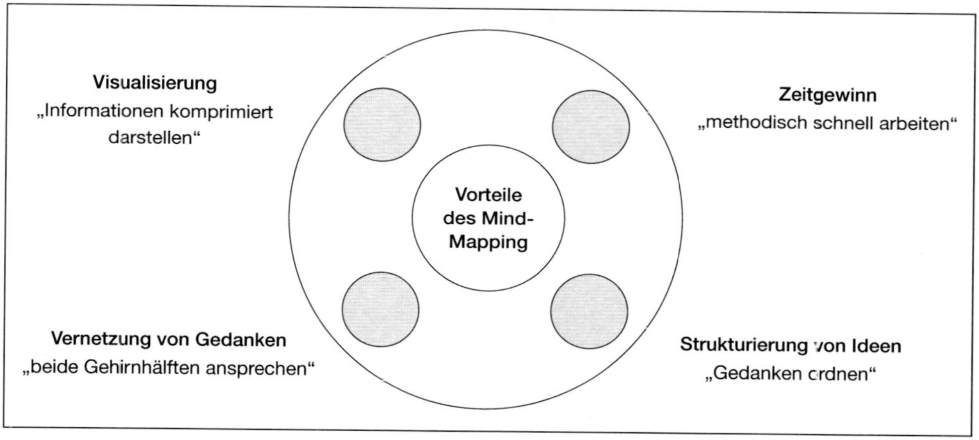

Quelle: Eigene Erstellung.

Anhand des folgenden Beispiels (vgl. Abbildung 7) wird gezeigt, wie mit der Mind-Map-Methode zum Thema „Nachhaltiger Umgang mit Süßwasser" eine erste Gliederung erstellt werden kann. Dabei bleibt das Grundgerüst mit Einleitung-Hauptteil-Schluss (vgl. Kapitel 2) bestehen, einschließlich der Zwischenfazits; wobei schließlich die Gedanken aus der Mind-Map (vgl. Abbildung 7) in abstrahierter Form in eine Gliederung überführt werden können (vgl. Tabelle 11).

Abbildung 7: Beispiel-Mind-Map

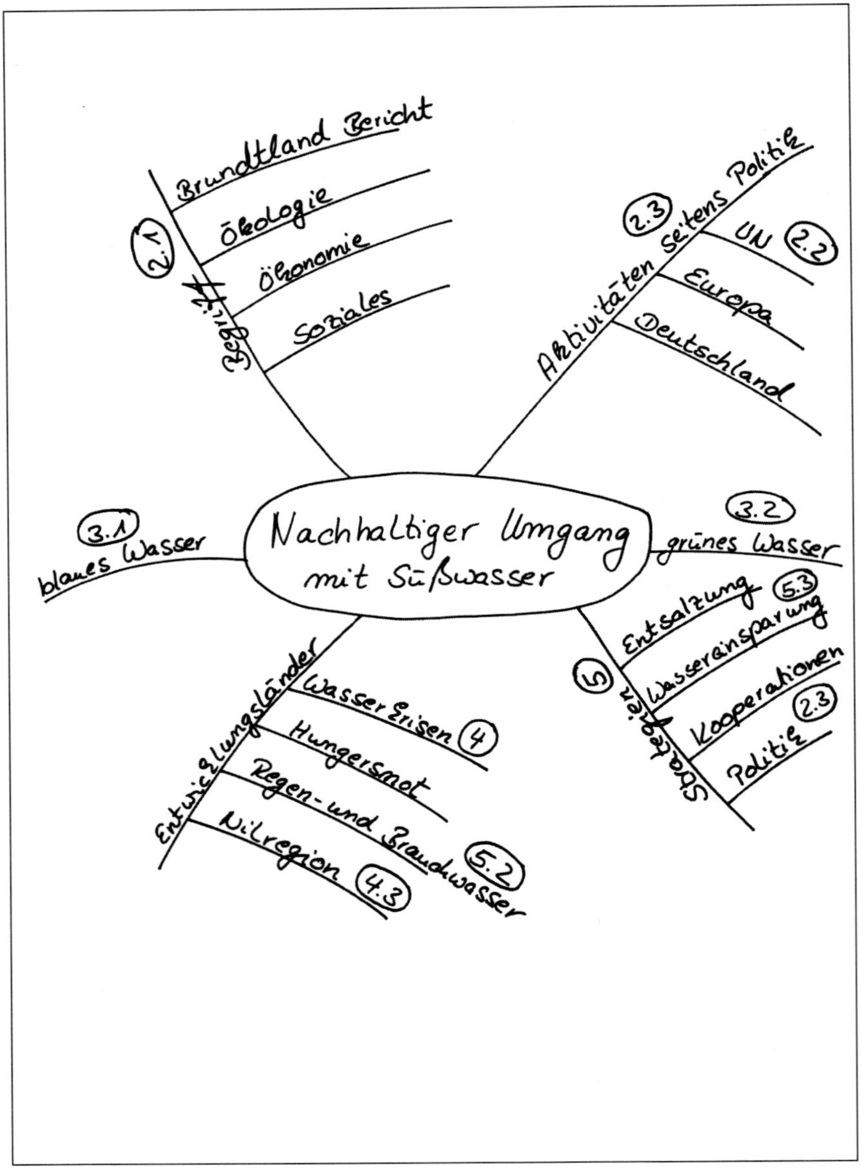

Quelle: Eigene Erstellung.

Tabelle 11: Überleitung der Ideen zum Thema „Nachhaltiger Umgang mit Süßwasser" aus der Mind-Map in eine Gliederung

1 Einleitung
2 Nachhaltige Entwicklungen im Bereich Süßwasser
- 2.1 Der Nachhaltigkeitsbegriff
- 2.2 Aktivitäten der UN im Bereich Süßwasser
- 2.3 Anreize, völkerrechtliche Normen, Kooperationen und politische Instrumente
- 2.4 Zwischenfazit

3 Süßwasser: ein beschränktes Gut
- 3.1 Blaues Wasser
- 3.2 Grünes Wasser
- 3.3 Zwischenfazit

4 Wasserkrisen
- 4.1 Die sozial-ökonomische Dimension von Eingriffen in Wasserregionen
- 4.2 Die ökologisch-ökonomische Dimension von Eingriffen in Wasserregionen
- 4.3 Beispiel: Die Umleitung von Wasser am Nil
- 4.4 Zwischenfazit

5 Nachhaltigkeitsprinzipien und -strategien
- 5.1 Steigerung der Wasserproduktivität: „More crop per drop"
- 5.2 Regenwasser- und Brauchwassernutzung
- 5.3 Wassereinsparungen entlang der Wertschöpfungskette
- 5.4 Wassermanagement und Investitionen
- 5.5 Zwischenfazit

6 Zusammenfassung, Handlungsempfehlungen und Ausblick

Literatur- und Quellenverzeichnis

Anhang

Quelle: Eigene Erstellung.

3.4 Erstellung eines Exposés zur Vorarbeit für die Rohfassung

Sinn und Zweck eines Exposés ist es, Klarheit über Thema und Titel, Frage-/Problemstellung und Zielsetzung, erste Gliederung, anzuwendende Methoden, Zeitplan sowie vorläufiges Literaturverzeichnis herzustellen. Zeitlich gesehen schließt sich das Verfassen eines Exposés an die Orientierungsphase zur Themenfindung und -eingrenzung an.

Es gibt Auskunft über den realistischen Forschungsaufwand und die einzuplanende Zeit sowie die Verfügbarkeit und den Umfang der zu bearbeitenden Literatur.

Ein Exposé wird bereits in der Wissenschaftssprache – so wie auch später die Arbeit – verfasst. Dabei sollten möglichst im Vorfeld die einzuhaltenden Formalien (z.B. Zitierweise) mit dem betreuenden Dozent geklärt und bereits angewendet werden. Wenn Sie dazu keine Hinweise erhalten, können Sie das Exposé dazu nutzen, sich selbst festzulegen, um diese dann im Anschluss zu besprechen. Ein Exposé umfasst etwa zehn Seiten, die sich auf die in Tabelle 12 vorgestellten Bereiche verteilen lassen.

Tabelle 12: Aufbau eines Exposés (ca. 10 Seiten)

1. Zusammenfassung (ca. 0,5 Seiten)
Hier soll in aller Kürze dargestellt werden, worum es in der Untersuchung geht, welches die Fragestellung und Ziele sind, wie die Untersuchung in der Forschung zu verorten ist und mit welchen Methoden die Fragen bearbeitet werden.

2. Vorläufige Gliederung (ca. 1 Seite)
Das Exposé sollte eine vorläufige Arbeitsgliederung enthalten, aus der eine Ausgewogenheit bezüglich der einzelnen Gliederungspunkte innerhalb der Haupt- und Unterkapitel hervorgeht.

3. Einleitung: Forschungsstand (ca. 2 Seiten)
Hier kann ein kurzer historischer Abriss der Thematik erfolgen, um selbst in den Lese- und Schreibfluss zu kommen, aber auch die Entwicklung und den aktuellen Diskussionsstand zum Thema zu skizzieren.

4. Fragestellung, Zielsetzung, Motivation für das Thema (ca. 3 Seiten)
Fragestellung und Ziele der Arbeit stellen das Grundgerüst der Arbeit dar und sollten genauestens formuliert werden (Was soll die Arbeit herausfinden?). Hier bietet es sich an, auf die eigene Motivation für das Thema einzugehen.

5. Theorie, ggf. Hypothesen, Methodik der Untersuchung (ca. 3 Seiten)
Aus diesem Abschnitt soll hervorgehen, mit welchen Theorien, ggf. Hypothesen, Methoden, Arbeitsweisen und Umfang Sie an das Thema herangehen, z.B. einer empirischen Untersuchung, einer Expertenbefragung, einer theoretischen Untersuchung oder einer Beobachtung (Wer oder was sind die Untersuchungsgegenstände?).

6. Zeitplan (ca. 0,5 Seiten)
Aus dem Zeitplan sollte hervorgehen, welche Aufgaben ungefähr wann erledigt werden. Je nach Umfang der Arbeit (z.B. Bachelor-, Master-, Doktorarbeit) kann nach Wochen, Monaten und Jahren unterteilt werden.

7. Vorläufiges Literaturverzeichnis
Das vorläufige Literaturverzeichnis enthält zunächst nur die verwendete Literatur für das Exposé bzw. Schlüsselquellen, die zur Erarbeitung der Frage/n wichtig sind.

Quelle: Eigene Erstellung.

3.5 Zwischenfazit: Richtige Instrumente zur Planung des Grundgerüsts

1. Grenzen Sie den Titel Ihrer Arbeit entsprechend ausgewählter Kriterien sorgfältig ein und formulieren Sie diesen mehrmals hintereinander bis Sie das Thema hinreichend eingerahmt haben!
2. Nutzen Sie die Mind-Map-Methode, um eine erste Gliederung zu erstellen!
3. Seien Sie der Architekt Ihres Manuskripts und beweisen Sie mit Ihrer Fähigkeit zur realistischen Planung, die Durchführbarkeit Ihres Vorhabens!

Raum für eigene Notizen:

4 Planung und Zeitmanagement einer wissenschaftlichen Arbeit

„Die Zeit, die ist ein sonderbar' Ding. Wenn man so hinlebt, ist sie rein gar nichts. Aber dann auf einmal, da spürt man nichts als sie. Sie ist um uns herum, sie ist auch in uns drinnen" (HOFMANNSTHAL, 2008, S. 49).

Damit Sie nicht zu sehr unter Druck geraten, kann es hilfreich sein, eine To-do-Liste zu machen und ihr realistische Zeiträume zuzuordnen. Die Aufgaben können Sie in Wochen-, Monats- und Tagespakete übertragen, um sich ganz plastisch vor Augen zu halten, wo die Zeit bleibt.

Um gezielt planen zu können, ist die Aufteilung der zur Verfügung stehenden Zeit in *vier Arten von Zeiten* sinnvoll:

1. Vorbereitungszeit
2. Durchführungszeit
3. Ergebniszeit
4. Erholungszeit

Ein *Vorbereitungszeitraum* kann beispielsweise ein Tag sein, an dem der Leitfaden für ein Expertengespräch ausgearbeitet wird. Danach würde der Pretest (mit ggf. Anpassungen) folgen, bevor das Interview mit dem Experten durchgeführt wird *(Durchführungszeit)*. Die Auswertung der Ergebnisse erfolgt im sog. *Ergebniszeitraum.*
Schließlich wären dann das Wochenende oder die Abende die *Erholungsphase*. In Zeiten intensiver Arbeit dienen Pausen dazu, Motivation, Konzentration und Leistungsfähigkeit zu erhalten. Dies gelingt häufig mit Dingen, die wir gerne tun. Das kann ein schönes Hobby sein, z.B. Sport, Musik, Theater, Garten-/Pflanzenpflege, Wandern etc.

Wie kann die zur Verfügung stehende Zeit bestmöglich zum wissenschaftlichen Arbeiten genutzt werden?
Zunächst werden im Folgenden *vier Aufgaben- und Zeitpläne* (Seminar-/Hausarbeit, Abschlussarbeit, Dissertation sowie Projektbericht) vorgestellt, bevor im Anschluss Detailplanungen auf Wochen- und Tagesebene vorgenommen werden.

4.1 Die Seminar- und Hausarbeit

Auch wenn diese Kurzform der wissenschaftlichen Arbeit nicht mit dem zeitlichen Aufwand der anderen genannten Werke zu vergleichen ist, empfiehlt sich auch hierbei eine strukturierte Vorgehensweise mit Zeitplan. Studierende beklagen immer wieder, dass sie ihre Arbeit bis zwei Wochen oder sogar kürzer vor Abgabeschluss vor sich herschieben und erst dann mit Recherche und Schreiben beginnen, wenn der Zeitdruck immer größer wird.
Unvorhergesehene Ereignisse können durch einen zeitigen Beginn – am besten nach Themenvergabe einen Zeitplan erstellen und erste Literaturrecherchen (z.B. Internet, Bibliothek) anstellen – noch am ehesten abgefedert werden.
Zunächst einmal kann ein kurzes Brainstorming durchgeführt werden, bei dem alle anfallenden Aufgaben aufgelistet werden, um dann eine zeitliche Einteilung in Form eines Plans vorzunehmen (vgl. Tabelle 13).

Tabelle 13: Beispiel eines Aufgaben- und Zeitplans für eine Seminar-/Hausarbeit

Beispiel: 2 Monate = 8 Wochen Zeit (Umfang ca. 20 Seiten)
1. Orientierungs- und Planungsphase (1 Woche) • Themenfindung/-eingrenzung • Zeitplan erstellen • Erstellung einer ersten Gliederung und eines ersten Literaturverzeichnisses • Gespräch mit dem Betreuer **2. Recherchephase (1 Woche)** • Literatur- und Internetrecherche • Fachzeitschriften-, Materialsichtung **3. Phase der Roh- und Endfassung (4 Wochen)** • Textproduktion, Strukturierung • Überarbeitung in mehreren Korrekturschleifen **4. Endphase (1 Woche)** • Endkorrektur und Lektorat, Nacharbeit • Formatierung und Layout • Arbeit binden lassen **5. Reserve für Unvorhergesehenes (1 Woche)**

Quelle: Eigene Erstellung.

4.2 Die Bachelor- und Masterarbeit

Aufgrund des größeren Forschungsauftrags und Schreibumfangs ist eine frühzeitige Planung von Bachelor- und Masterarbeiten unabkömmlich. Erste Vorbereitungen dazu erfolgen idealerweise bereits in der Mitte des Studiums mit dem Notieren erster Ideen, die beispielsweise beim Besuch von Lehrveranstaltungen oder der Lektüre von Fachliteratur kommen.
Parallel dazu können Recherchen zu den Forschungsideen betrieben werden, um eine erste Gliederung für die Arbeit zu erstellen, die mit dem möglichen Betreuer der Arbeit besprochen werden sollte. Dieser kann Ihnen somit gleich ein erstes Feedback zur Realisierung der Arbeit geben. Haben Sie sich das Einverständnis dafür eingeholt, können dann im Laufe der nächsten Monate (noch vor Anmeldung der Arbeit) gezielt Literatur- und Internetrecherchen mit wertvoller Vorlaufzeit gestartet werden. Vielleicht stellt sich auch in dieser Zeit heraus, dass das Thema doch schwieriger als erwartet anzugehen ist. Dann besteht noch genug Zeit, sich eine Alternative zu überlegen.
In der Endphase des Studiums geraten viele Studierende durch Klausuren sowie mündliche Prüfungen unter Druck und ein konzentriertes, ruhiges Arbeiten an der Konzeption der Bachelor- oder Masterarbeit ist kaum möglich.
Zu einem guten Zeitmanagement der Abschlussarbeit gehören auch frühzeitige Überlegungen zum Korrektorat: Wer liest meine Arbeit kritisch hinsichtlich Rechtschreibung, Zeichensetzung, Ausdruck, Stil, den wissenschaftlichen Formalien und evtl. auch inhaltlich-logisch durch, um ein Feedback zu geben? Sobald der genaue Abgabetermin feststeht kann der Korrekturtermin mit den entsprechenden Personen abgesprochen werden, um den Zeitplan einzuhalten.

Auch die Zeit für die Korrekturen und das Überarbeiten der eigenen Texte sollte nicht unterschätzt werden. Gerade die formale Gestaltung am Ende kann, je nach wissenschaftlicher Arbeit, mehrere Tage und Wochen in Anspruch nehmen.
In der Orientierungs- und Planungsphase der Arbeit können mit Hilfe eines Brainstormings alle notwendigen Arbeitsschritte festgehalten werden, um auf deren Grundlage einen Aufgaben- und Zeitplan zu entwerfen (vgl. Tabelle 14).

Tabelle 14: Beispiel eines Aufgaben- und Zeitplans für eine Abschlussarbeit

Beispiel: 4 Monate = 16 Wochen Zeit (Umfang ca. 50 bis 80 Seiten)
1. Orientierungs- und Planungsphase (2 Wochen) • Themenfindung/-eingrenzung • Exposé und Zeitplan erstellen • Erstellung einer ersten Gliederung und eines ersten Literaturverzeichnisses sowie Leitfadens für Expertengespräche • Gespräch mit dem Betreuer **2. Recherchephase (3 Wochen)** • Literatur- und Internetrecherche • Fachzeitschriften-, Materialsichtung • Expertengespräche **3. Strukturierungsphase (2 Wochen)** • Ordnen der gesammelten Informationen • Verfeinerung der Gliederung • ggf. weiteres Gespräch mit dem Betreuer **4. Phase der Roh- und Endfassung (6 Wochen)** • Textproduktion, Strukturierung • Überarbeitung in mehreren Korrekturschleifen **5. Endphase (2 Wochen)** • Endkorrektur und Lektorat, Nacharbeit • Formatierung und Layout • Arbeit binden lassen **6. Reserve für Unvorhergesehenes (1 Woche)**

Quelle: Eigene Erstellung.

4.3 Die Doktorarbeit

Im Vergleich zu den bereits vorgestellten wissenschaftlichen Arbeiten stellt die Dissertation aufgrund der mit dem Forschungsauftrag verbundenen Eigenleistung eine größere Herausforderung hinsichtlich des persönlichen Zeitmanagements und der Beharrlichkeit dar.

Die Orientierungs- und Planungsphase ist gekennzeichnet durch die Abgrenzung des Themas, Ausarbeitung eines Exposés, Zeitplans sowie einer ersten Gliederung und eines Leitfadens für Experteninterviews, welche jeweils mit dem Doktorvater bzw. der Doktormutter abzusprechen sind. Diese Prozessschritte stellen eine wichtige Grundlage für das weitere Zeitmanagement dar, weil hier die Basis für die Untersuchung gelegt wird – sowohl inhaltlich, methodisch als auch zeitlich.

Die nachfolgenden Phasen der Recherche, Strukturierung, Erhebung, Auswertung und Aufbereitung von Daten sowie Erstellung der Rohfassung werden in Tabelle 15 präsentiert und verlaufen in der Praxis meist übergreifend: Während des Arbeitens an der Rohfassung wird erfahrungsgemäß parallel recherchiert, strukturiert und überarbeitet.

Gerade für die Endphase sollte genügend Zeit reserviert sein, um unvorhergesehene Verzögerungen zu berücksichtigen.

Da Dissertationen bis zu mehrere hundert Seiten umfassen können, die vom zeitlichen Aufwand zwischen zwei bis drei oder mehr Wochen Korrekturzeit beanspruchen, sollten Promovierende frühzeitig an ein Endlektorat denken. Zusätzlich ist genügend Zeit einzuplanen für die Nacharbeit an Korrekturen, Formatierung, Layout sowie Druck und Einbindung der Arbeit

Auch wenn der Zeitplan im Verlauf des Dissertationsprojekts erfahrungsgemäß mehrmals umgestellt wird, so hilft er doch – durch regelmäßige Anpassungen – einen Überblick über die zu erledigenden Aufgaben zu behalten.

Tabelle 15: Beispiel eines Aufgaben- und Zeitplans für eine Dissertation

Beispiel: 3 Jahre = 36 Monate Zeit (ca. 300 Seiten)
1. Orientierungs- und Planungsphase (2 Monate) • Themenfindung/-eingrenzung • Exposé und Zeitplan erstellen • Erstellung einer ersten Gliederung und eines ersten Literaturverzeichnisses sowie Leitfadens für Expertengespräche • Gespräche mit dem Betreuer
2. Recherchephase (6 Monate) • Literatur- und Internetrecherche • Fachzeitschriften-, Materialsichtung • Expertengespräche • evtl. mehrere Rechercheabschnitte (am Ende der Arbeit empfiehlt sich eine Recherche, die neuere Quellen mit einschließt)
3. Strukturierungsphase (3 Monate) • Ordnen der gesammelten Informationen • Verfeinerung der Gliederung • weitere Gespräche mit dem Betreuer
4. Phase der Datenerhebung, -auswertung und -aufbereitung (5 Monate) • Erstellung der Fragebögen • Umfrage, Interviews • Datenanalyse und -interpretation
5. Phase der Roh- und Endfassung (14 Monate) • Textproduktion, Strukturierung • Überarbeitung in mehreren Korrekturschleifen
6. Endphase (4 Monate) • Endkorrektur und Lektorat, Nacharbeit • Probelesen vom Betreuer, Nacharbeit • Formatierung und Layout • Arbeit binden lassen
7. Reserve für Unvorhergesehenes (2 Monate)

Quelle: Eigene Erstellung.

4.4 Exkurs: Der Projektbericht

Nach Abschluss eines Projekts wird der Projektendbericht verfasst. Ziel dabei ist es, wichtige Akteure des Projekts (z.B. Auftraggeber) über den Verlauf und die erzielten Ergebnisse zu informieren.
Aus dem Bericht sollen noch einmal die wesentlichen Bestandteile des Projektkompasses (vgl. Kapitel 2.4) hervorgehen und beschrieben werden, z.B.:

- Ausgangssituation des Projekts
- begriffliche, zeitliche und methodische Abgrenzung
- Projektziele (inkl. Meilensteine) mit Datum und Status
- Projektbeteiligte und ggf. Mentoren
- umgesetzte Maßnahmen
- verwendete Materialien, Dokumente, Quellen
- Kontrolle der Planeinhaltung

Abschließend gilt es, den Erfolg des Projekts zu evaluieren und Handlungsempfehlungen abzuleiten, welche in den Projektbericht einfließen.
Um diesem die gebührende Sorgfalt am Ende eines Projekts, wo in vielen Fällen nur noch ein knappes Zeitfenster für das Schreiben des Berichts existiert, entgegenzubringen, erweist es sich von Vorteil, bereits zu Beginn und während des Projekts, zentrale Bestandteile, die der schriftlichen Dokumentation dienen, Schritt für Schritt zusammenzutragen. Diese Vorarbeit bildet die Grundlage für ein effizientes Zeitmanagement zum Schreiben des Projektendberichts und spiegelt sich in Tabelle 16 wider.

Tabelle 16: Beispiel eines Aufgaben- und Zeitplans für einen Projektendbericht

Beispiel: Projektdauer 6 Monate = 24 Wochen Zeit (Umfang des Projektendberichts ca. 25 Seiten)
1. Phase der Projektplanung, Orientierung und Recherche (ca. 4 Wochen) • Erstellen eines Projektkompasses bzw. -fahrplans als Basis für den Projektendbericht • Notizen zu den Gesprächen mit den beteiligten Akteuren • Sichten von Dokumenten, Literatur, Internetquellen und Fachzeitschriften mit Anlage entsprechender Verzeichnisse • Notizen zu ggf. geführten Expertengesprächen
2. Durchführungs- und Strukturierungsphase (ca. 12 Wochen) • Dokumentation der Projektzielerreichung (inkl. Meilensteine mit Datum und Status), z.B. anhand von Protokollen • Koordination wichtiger Projektbeteiligter, um Informationen, die für den Projektendbericht wichtig sind, zu bündeln • Strukturieren und Ordnen der gesammelten Informationen für den Projektendbericht
3. Endphase (ca. 3 Wochen) • Dokumentation von Evaluation und Erfolgskontrolle • Formulierung von Handlungsempfehlungen
4. Erstellen des Projektendberichts und Verteilung (ca. 3 Wochen) • Zusammentragen von Projektkompass, Notizen aus Gesprächen mit Akteuren und ggf. Experten, Quellenverzeichnissen, Protokollen, gebündelten und strukturierten Informationen während des Projekts • Evaluation, Erfolgskontrolle und Handlungsempfehlungen für den Bericht hinzuziehen • Verfassen und Verteilen des Projektendberichts zum vorgesehenen Termin
5. Reserve für Unvorhergesehenes (ca. 2 Wochen)

Quelle: Eigene Erstellung.

4.5 Wochen- und Tagesplan

Neben den Planungen für den Gesamtzeitraum, der für die Bearbeitung einer wissenschaftlichen Arbeit veranschlagt wird, ist es hilfreich, weitere Detailplanungen vorzunehmen. Dies kann beispielsweise die wöchentliche und tägliche Planung betreffen (vgl. Tabelle 17 sowie Abbildung 8 und 9).

Tabelle 17: Vorlage für einen Wochenplan zum Schreiben

Uhrzeit	Mo	Di	Mi	Do	Fr	Sa	So
07:00							Erholungs-zeiten zur Entspannung nutzen
08:00							
09:00							
10:00							
11:00							
12:00							
13:00							
14:00							
15:00							
16:00							
17:00							
18:00							
19:00							
20:00							
21:00							
22:00							

Quelle: Eigene Erstellung.

Der Wochenplan kann abgestimmt werden auf die persönliche Situation des Schreibers (z.B. Familie, nebenberufliches Studium etc.). Wann finde ich Ruhe und Muße zum Schreiben? Es empfiehlt sich Zeiten zu reservieren, die dem konzentrierten Recherchieren und Schreiben vorbehalten sind. Versuchen Sie sich mental darauf einzustimmen, indem Sie die Schreibzeit so planen, dass kurz vorher keine stressigen Aufgaben mehr erledigt werden müssen.

Darüber hinaus kann mit einer Mind-Map die kommende Woche geplant werden (vgl. Abbildung 8). Mit Stift und Papier können auf einfache, schnelle Art und Weise die anfallenden Aufgaben für die Woche skizziert und nach Tagen aufgeteilt werden. Zusätzlich kann eine Priorisierung nach Dringlichkeit der Aufgaben (beispielsweise nach A=hoch, B=mittel und C=niedrig) vorgenommen werden.

Abbildung 8: Mind-Map zur Planung der Woche

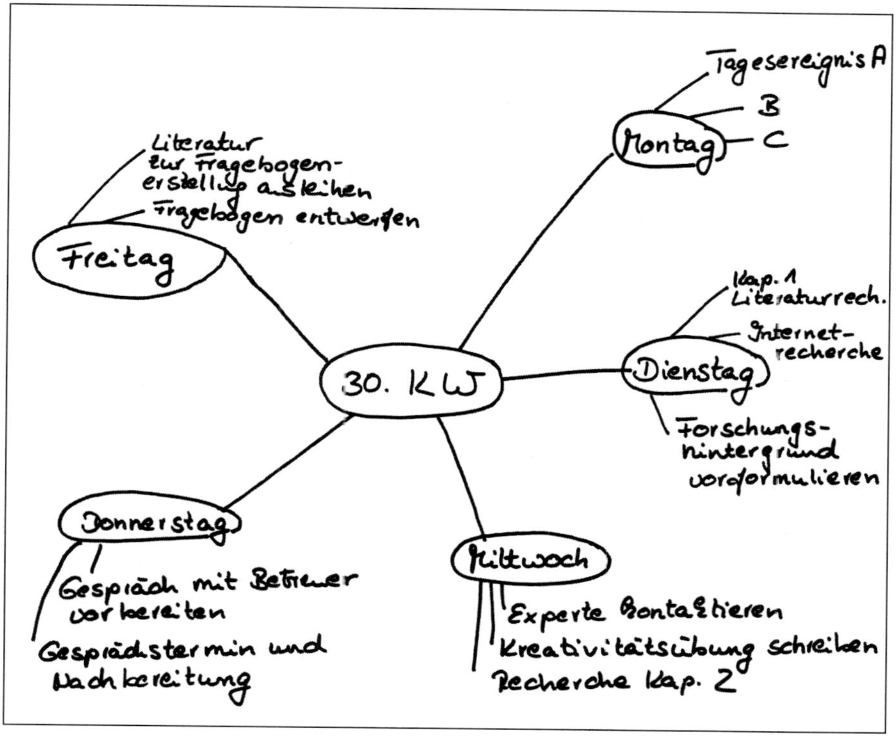

Quelle: Eigene Erstellung.

Vielen Schreibern hilft es, den Monats- bzw. Wochenplan über den Schreibtisch zu hängen, damit sie die Zeit im Blick behalten. Wenn Sie am Ende der Woche die Zeitplanung Revue passieren lassen, welche Aufgaben konnten alle erledigt und wie regelmäßig Pausen gemacht werden? Wo haben Sie sich durch zu viele Aufgaben und Aktivitäten unter Druck gesetzt (gefühlt)?

Ordnen Sie bei unrealistischen Plänen Ihre Termine wieder neu, bis Sie zu guten Ergebnissen kommen. Gezielte Belohnungen für eigene Leistungen können die Motivation steigern und ein gutes Gefühl für das schon Erreichte schaffen.
Zur Vorbereitung auf den kommenden Tag kann es hilfreich sein, am Abend zuvor einen kurzen Plan für den nächsten Tag zu schreiben. Dabei reicht oftmals eine stichwortartige Aufteilung von Aktivitäten für Vor- und Nachmittag aus (vgl. Abbildung 9).

Abbildung 9: Beispiel für einen Tagesplan

Tagesplan: Montag

vormittags:
- mit Brainstorming und Mind Mapping eine Gliederung erstellen
- Gliederungstiefe beachten
- Gespräch mit Betreuer vorbereiten

nachmittags:
- ausgeliehene Bücher in der Bibliothek zurückgeben
- Recherche zu Kapitel 2
- Notizen zu Kapitel 2
- Gespräch mit Betreuer
- Nacharbeit des Gesprächs

Quelle: Eigene Erstellung.

4.6 Vom Rohtext zur Endfassung – der „Weg in kleinen Schritten“

Eine wissenschaftliche Arbeit ist wie ein Kunstwerk: Man fängt mit einer Idee an, entwickelt diese zu einem Konzept (Gesamtbild), beginnt mit der Umsetzung (Rohfassung) und entwickelt die Arbeit qualitativ auf mehreren Bearbeitungsstufen weiter bis das „Kunstwerk“ ausgereift ist.

Dabei können zwei Techniken zum Erstellen der Rohfassung unterschieden werden:

1. Die lineare Methode
2. Die Patchwork-Technik

Bei der *linearen Arbeitsweise* werden ausgehend von der Einleitung in Kapitel 1 systematisch Kapitel 2, Kapitel 3, Kapitel 4 usw. nacheinander abgearbeitet.

Demgegenüber bietet das Anwenden der *Patchwork-Technik* mehr Freiheiten hinsichtlich des Angehens einzelner Kapitel, weil diese unterschiedlich bearbeitet werden können. Letztere Vorgehensweise erweist sich besonders dann von Vorteil, wenn es schwer fällt, einen Anfang zu finden: Es kann stärker motivieren, erst mit Kapiteln zu beginnen, zu denen bessere Vorkenntnisse bestehen oder die den Schreiber besonders interessieren und danach alle weiteren Kapitel nach Motivation oder zur Verfügung stehender Literatur zu bearbeiten, um im Schreibfluss zu bleiben (vgl. Abbildung 10). In der Praxis können sich beide Techniken überschneiden.

Abbildung 10: Lineare Arbeitsweise versus Patchwork-Technik

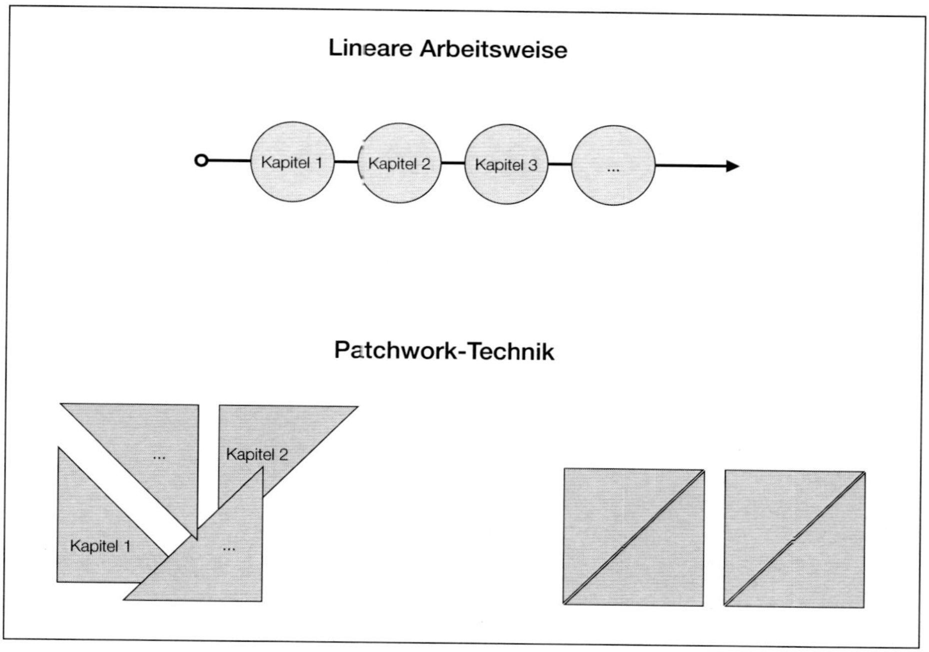

Quelle: Eigene Erstellung.

Hinsichtlich des verwendeten *Sprachniveaus* berichten Kursteilnehmer immer wieder, dass es eine enorme Entlastung darstellt, bei der Konzeption der Rohfassung zunächst in einer simplen und funktionalen Sprache zu schreiben. Viele Schreiber fühlen sich überfordert, gleich beim ersten Text auf einem hohen wissenschaftlichen Niveau zu schreiben und beginnen nur zögerlich oder hinsichtlich des Zeitmanagements zu spät mit dem Schreiben.
Eine Erleichterung kann dann der *„Weg in kleinen Schritten“* bieten, bei dem Texte von einer einfachen Sprache, in mehreren Überarbeitungsstufen bzw. Korrekturschleifen qualitativ weiterentwickelt werden, wie nachfolgende Abbildung zeigt.

Abbildung 11: Die qualitative Entwicklung von Texten

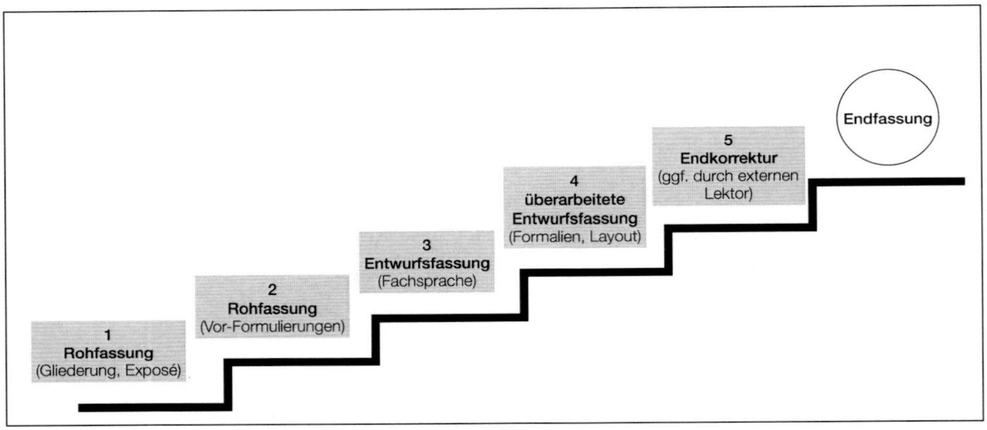

Quelle: Eigene Erstellung.

Diese Überarbeitungsstufen sind in nachfolgender Abbildung 12 und Tabelle 18 dargestellt und sollten Schritt für Schritt mit Sorgfalt vorgenommen werden.

Formalien scheinen im ersten Augenblick eine lästige Nebensache zu sein, jedoch kann die Beachtung bestimmter Regeln sich – weit mehr als angenommen – in der Bewertung der Arbeit auszahlen.
Um von der Rohfassung zur Endfassung zu gelangen, bieten sich drei Schritte der Überarbeitung an: die *inhaltliche, sprachliche* und *editorische Prüfung,* wie Abbildung 12 zeigt.

Abbildung 12: In drei Schritten von der Roh- zur Endfassung gelangen

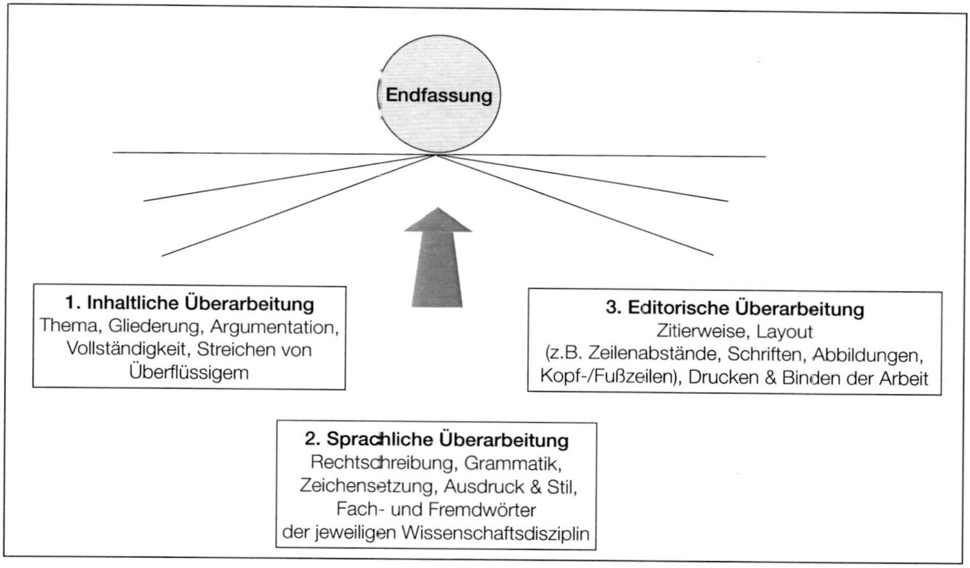

Quelle: Eigene Erstellung.

Bereits bei der Planung der Arbeit sollte genügend Zeit (mind. 2-3 Wochen, je nach Umfang der Arbeit) für ein gutes Lektorat bzw. Korrektorat (in den meisten Fällen mit zeitlich nicht zu unterschätzenden Nacharbeiten) eingeplant werden.
Für diese Phase der Überarbeitung empfiehlt es sich, noch einmal die möglichen Bewertungskriterien einer wissenschaftlichen Arbeit heranzuziehen (vgl. Kapitel 2.6). Zusätzlich kann folgende Checkliste bei der Überarbeitung von Wissenschaftstexten als Gedankenstütze dienen (vgl. Tabelle 18).

Tabelle 18: Checkliste zum Überarbeiten wissenschaftlicher Texte

Überarbeitungsschritte
1. Inhaltliche Überarbeitung ☐ Ist mein Thema hinreichend abgegrenzt von anderen Untersuchungsbereichen? ☐ Habe ich die Problemstellung und Zielsetzung der Arbeit erklärt? ☐ In welchen Forschungshintergrund ist mein Thema eingebettet? ☐ Wurden die zentralen Begriffe definiert? ☐ Ist die Gliederung in sich stimmig? Roter Faden? ☐ Habe ich geänderte Überschriften im Text auch im Inhaltsverzeichnis angepasst bzw. wurden Formatvorlagen aktualisiert? ☐ Ist die Argumentation schlüssig? ☐ Fehlen evtl. wichtige Aspekte? ☐ Können überflüssige Details gestrichen werden?
2. Sprachliche Überarbeitung ☐ Sind überleitende Formulierungen von einem Kapitel zum nächsten vorhanden? ☐ Ist mein Text für andere verständlich? ☐ Ist eine sprachliche Überarbeitung (schwerfällige Textelemente, Nominal-/Verbalstil, aktive vs. passive Sprache, Wiederholungen, überflüssige Passagen, Abschnitte) erforderlich? ☐ Habe ich unnötige Füllwörter, wie z.B. „allemal“, „beinahe“, „eigentlich“, „gewisse“ und „so“ maßvoll verwendet? ☐ Habe ich mit Ausdrücken aus Fachbüchern gearbeitet? ☐ Habe ich darauf geachtet, beim Bezug auf Thesen Dritter den Konjunktiv I einzusetzen (z.B. er solle/komme/dürfe)? ☐ Sind alle Zahlen und ihre mathematischen Einheitenzeichen korrekt (z.B. 10 %, 2 Std. oder 5 Min.)? ☐ Habe ich Rechtschreibung, Grammatik und Zeichensetzung überprüft?
3. Editorische Überarbeitung ☐ Von wem stammen welche Aussagen? Quellen? Text-Literaturverzeichnis? ☐ Habe ich meinen eigenen Standpunkt/meine Schlussfolgerungen kenntlich gemacht? ☐ Sind die Zeilen bei Kapitelüberschriften, Aufzählungen, Zitateinrückungen etc. in der kompletten Arbeit jeweils identisch? ☐ Wurde die Arbeit mit einem qualitativ hochwertigen Drucker (z.B. Laserdrucker) gedruckt? ☐ Wurden die Layout spezifischen Vorgaben angewendet (z.B. Schriften, -größen, Gestaltung von Tabellen und Abbildungen, Fußnoten, Kopfzeilen)?

Quelle: Eigene Erstellung.

4.7 Zwischenfazit: Selbststeuerung

1. Nehmen Sie sich zweimal so viel Zeit, wie Sie glauben zu benötigen!
2. Setzen Sie sich nur Tagesziele, die heute noch zu erreichen sind!
3. Planen Sie Freiräume ein, die nicht verplant sind!
4. Packen Sie auch die kleinen Probleme an!
5. Und dann: Lassen Sie los!

Raum für eigene Notizen:

5 Schreibbalance durch Kreativitätstechniken

In unseren Schreibtrainings wird deutlich, dass sich Studierende an deutschen Hochschulen nicht genügend auf das wissenschaftliche Schreiben, welches mit dem Verfassen von Seminar- und Hausarbeiten sowie Abschlussarbeiten verbunden ist, vorbereitet fühlen: Sollten angehende Studierende schulisch auf diese Anforderungen vorbereitet werden, wird bisher weder in der gymnasialen Oberstufe noch in den ersten Semestern diese Schlüsselqualifikation fächer- und hochschulübergreifend systematisch unterrichtet, was zu den verschiedensten Schwierigkeiten bei der Textproduktion führt. Dabei werden vor allem nachfolgende Probleme genannt:

- einen Anfang finden
- ein Thema gut eingrenzen
- eine geeignete methodische Vorgehensweise wählen
- eine Gliederung erstellen
- Fragestellung und Zielsetzung genauestens aufschreiben
- eigene Formulierungen verwenden
- präzise Schreiben, ohne Sätze zu verschachteln
- Gedanken so formulieren, dass sie einen Sinn ergeben
- angemessene Anzahl an Quellen verwenden und im Text verarbeiten
- in der Vielfalt der Informationen den roten Faden nicht verlieren und ein aussagekräftiges eigenes Fazit ziehen
- zur richtigen Zeit nicht kreativ sein
- vom Betreuer keine Unterstützung bekommen
- Motivationsschwierigkeiten
- unvorhergesehene Ereignisse einkalkulieren (Risikomanagement)
- Zeitmangel

Unsere Arbeit in der wissenschaftlichen Schreibberatung macht deutlich, dass Probleme vor allem dann auftreten, wenn das einleitende Exposé nicht hinreichend geklärt und detailliert aufgeschrieben wurde. Dies ist insofern wichtig als es die „Architektur der wissenschaftlichen Arbeit“ (Ablaufplan) für den „Baumeister“ (Autor) vorgibt. Wenn sie nicht klar ist, kommt es in der „Bauphase“ (Schreibprozess) dann oft immer wieder zu Problemen, weil man die „Aufteilung der Räume“ (Kapitel) und die „beteiligten Firmen“ (Literatur, Studien, Erhebungen) nicht festgelegt hat. Zur Überwindung möglicher Barrieren stellen wir im nächsten Abschnitt Instrumente und Ansätze vor.

5.1 Einstieg ins Schreiben

1. Freewriting zum Aufwärmen

Dabei handelt es sich um eine aus dem angloamerikanischen Raum in den 1960er-Jahren von Ken Macrorie entwickelte Schreibübung, bei der Sie, bevor Sie mit der wissenschaftlichen Textproduktion beginnen, zunächst zehn Minuten so schnell wie möglich alles notieren, was Ihnen durch den Kopf geht. Alle Gedanken werden niedergeschrieben, z.B. über den verlaufenen Tag, gute und schlechte Erlebnisse usw. Zunächst werden keine Fehler korrigiert, sondern alles wird aufgeschrieben, bis eine Seite gefüllt ist. Danach wird das Blatt Papier zur Seite gelegt, ohne es nochmals durchzulesen. Bei dieser Übung ist es zunächst unbedeutend, ob der Text gut oder schlecht ist. Diese Technik soll dazu verhelfen, den Kopf zum konzentrierten Arbeiten frei zu bekommen.

2. Freewriting zur Themenfindung

Versuchen Sie bei dieser Übung zielgerichteter zu schreiben. Beginnen Sie schnell über ein Thema zu schreiben und bauen Sie es so lange aus bis Sie auf ein neues Thema stoßen, das Sie wiederum ausarbeiten können. Versuchen Sie unbesorgt und frei zu schreiben. Gegenüber konventionellen Methoden ermöglicht die Technik des Freewriting dem Schreiber „alles raus zu lassen", fordert jedoch Worte aufs Papier zu bringen und letztlich aus der Unordnung eine geordnete Struktur zu entwickeln.

3. Laut Schreiben

Das laute Sprechen von Gedanken und Texten kann ebenfalls hilfreich sein, einen Einstieg zum Schreiben zu finden. Haben Sie am Tag vorher einen Text verfasst, so lesen Sie diesen noch einmal laut durch. Es fällt dann meist leichter, textlich an diese Gedanken anzuknüpfen. Hilfreich ist es auch, die eigenen Gedanken, die man zum Schreiben eines Textes hat, laut auszusprechen und sprechend aufzuschreiben. Dadurch lässt sich gleichzeitig feststellen, ob der jeweilige Satz nicht zu verschachtelt oder gestelzt klingt.

4. Mit einem für Sie interessanten Teil anfangen

Eine wissenschaftliche Arbeit muss nicht notwendigerweise linear, d.h. vom ersten Kapitel, über das zweite, dritte, vierte Kapitel usw. verfasst werden. Motivierender kann häufig sein, mit einem Teil anzufangen, zu dem schon Vorkenntnisse bestehen. Eine Arbeit in der Patchwork-Technik zu schreiben hat den Vorteil, dass man sich an inspirierenden Texten entlang hangelt und im Schreibfluss bleibt. Einleitung und Schlussteil können am Ende ausgefeilt und auf die Arbeit abgestimmt werden.

5.2 Wichtiges und Unwichtiges

1. 15-80-5-Aufteilung

In Kapitel 2 wurde die prozentuale Verteilung von Textteilen im Verhältnis zum Gesamttext vorgestellt (Einleitung: ca. 15%, Hauptteil: ca. 80% sowie Schlussteil: ca. 5%). Schon in der Planungsphase der Arbeit kann man (ausgehend von der vorgegebenen Gesamtseitenzahl) ausrechnen, wie viele Seiten zu den entsprechenden Kapiteln geschrieben werden. Dies dient dazu, den Überblick zu behalten und leichter einen Schlussstrich ziehen zu können.

2. Titel, Fragestellung und Zielsetzung der Arbeit

Lassen Sie die Fragestellung und Zielsetzung Ihrer Arbeit während der gesamten Zeit der Textproduktion auf Ihrem Schreibtisch liegen. Darüber hinaus hilft es vielen Schreibern, den Titel der Arbeit über dem Schreibtisch aufzuhängen, um bei Unsicherheiten, ob dieses und jenes noch in die Arbeit gehört, einen Blick darauf zu werfen.

3. Fußnoten, Ausblick und weiterführendes Literaturverzeichnis

Sie stellen fest, zu viel zu bestimmten Kapiteln geschrieben zu haben; dies passt zwar im weitesten Sinne noch zu Ihrem Thema, aber Sie haben sich eigentlich schon zu sehr vom Kern der Arbeit entfernt?

Dann kann innerhalb der Fußnoten auf weiterführende Literatur verwiesen werden. Auch am Ende der Arbeit, im Ausblick beispielsweise, besteht die Möglichkeit, auf weitere Forschungsfelder, die noch erschlossen werden können, aufmerksam zu machen, deren Hinzuziehung aber diese Arbeit sprengen würde. Schließlich kann auch ein separates Literaturverzeichnis mit weiterführender Literatur zu angrenzenden Themenbereichen angelegt werden.

5.3 Gliederung und Struktur des Textes

1. Brainstorming

Die Methode des Brainstormings eignet sich vor allem zu Beginn einer Arbeit, wenn es erste Ideen zu einem möglichen Thema gibt. Dabei nehmen Sie ein Blatt Papier und schreiben zu einem Stichwort alles auf, was Ihnen dazu einfällt. Hier geht es zunächst einmal nicht darum, schon perfekte und endgültige Texte zu entwerfen, sondern eher in Schlagworten zu notieren, was einem zum Thema einfällt – frei nach dem Motto: Alles kann raus!

Erst im Anschluss daran können Wichtiges von Unwichtigem und Sinnvolles von Sinnlosem gefiltert sowie Zusammenhänge und Strukturen dargestellt werden.

2. Mind-Mapping

Wie in Kapitel 3.3 bereits erwähnt, bietet die Mind-Map-Methode eine schnelle Hilfestellung, wenn es darum geht, Struktur in Gedanken und Texte zu bringen. Hier wird das Thema einer Arbeit in Form eines Schlagworts in die Mitte eines leeren Papierblatts geschrieben. Von dort wird astförmig in Form einer Baumstruktur mit neuen Begriffen, die einem zum Thema einfallen, verzweigt.

Alle zusammengehörigen Begriffe werden mit Unterästen repräsentiert und bilden ein Cluster. Zusätzlich können Farben, Bilder, Symbole und Pfeile benutzt werden, um Zusammenhänge zu visualisieren.

Der Vorteil bei dieser Methode besteht in der gleichzeitigen Entwicklung einer netzartigen Darstellung und Zuordnung von Begriffen während des Aufschreibens. Das Resultat aus der Anwendung der Mind-Map-Methode kann z.B. das Finden des ersten Wortes eines Satzes, eines kompletten ersten Satzes oder mehrerer Sätze – vielleicht sogar ein textliches Konzept über ein oder mehrere Seiten sein.

Die Technik des Mind-Mapping kann dazu beitragen, kindliche Kreativität, originelle Sprachmuster und Unterbewusstes zu aktivieren. Dabei kann sich das Erstellen von Clustern nach WERDER (2002, S. 56) wie folgt positiv gegen Schreibhemmungen und für die Schreiblust auswirken:

freie Assoziation	*versus*	sterile Systematik
Bild	*versus*	Begriff
Originalität	*versus*	Konvention
kindliche Kreativität	*versus*	erwachsene Routine
Ganzheit	*versus*	Detail

3. Inhaltsverzeichnis

Anhand einzelner Cluster einer Mind-Map kann in der Regel schnell eine erste Gliederung aufgestellt werden. Die Gliederung darf anfangs ruhig grob sein, da sich die Arbeit Tag für Tag durch Recherchen und neue Erkenntnisse weiterentwickelt und somit auch die Inhaltsübersicht. Sie stellt sowohl den roten Faden für den Verfasser als auch für den Leser dar.

5.4 Schreiben mit der Hand und am PC

Viele Schreibprofis notieren Textteile oder auch ganze Texte zunächst mit dem Stift auf Papier, bevor sie diese in den PC eingeben. Ein Vorteil bei dieser Vorgehensweise besteht darin, dass mit der eigenen Hand geschriebene Worte und deren Inhalte greifbarer, konkreter und klarer sein können als bei der unmittelbaren Eingabe in den PC. Gerade bei einer Schreibblockade kann es hilfreich sein, sich vom PC zu distanzieren und einen anderen Schreibort (z.B. im Grünen) aufzusuchen, wo kreative Gedanken fließen können und diese zur späteren Eingabe in den Computer festzuhalten. Auch die Zuhilfenahme eines großen Zeichenblocks kann als „Flip-Chart" dabei helfen, den Augen Entlastung vom PC zu bieten und mit dem Umstieg auf ein anderes Schreibmedium auf neue Ideen zu kommen.

Tipp:
Überprüfen Sie vor Beginn des Schreibens die technische Ausrüstung Ihres Computers. Sind alle wichtigen Programme installiert? Machen Sie nach jedem Schreibtag eine Datensicherung und heben Sie eine ständig aktualisierte gedruckte oder digitale Version (z.B. auf USB-Stick) Ihrer Arbeit außerhalb der eigenen Wohnung bzw. auf einem externen Server auf, für den Fall der Fälle, dass Ihr Computer abstürzen oder abhanden kommen könnte.

Nachfolgende Tabelle 19 zeigt weitere unterstützende Übungen zur Überwindung von Schreibschwierigkeiten.[2]

[2] Vergleiche dazu auch MÜLLER-WOHLFAHRT, H.-W. (2004): Mensch, beweg dich!, München und WERDER, L. v. (2003): Creative Thinking. Die Ideenfabrik. Die effektivsten Denkmethoden großer Philosophen für Schule, Studium und Beruf, Berlin, Milow.

Tabelle 19: Creative Thinking – Übungen gegen Schreibblockaden

Problembereich A: „Einen Anfang finden“
1. W-Fragen stellen Versuchen Sie Ihr Thema zu analysieren, indem Sie sich journalistische W-Fragen (z.B. was, wer, wo, wann, wie oder warum) und ggf. weitere Frageformen (z.B. wie viele, welche Arten) stellen und die jeweiligen Antworten dazu schreiben. Erfahrungsgemäß lässt sich so ein erster kurzer Text leichter verfassen.
2. Assoziationen bilden Überlegen Sie sich zu jedem Wort Ihres Themas sieben weitere Wörter und entwickeln Sie dazu einen Text, den Sie im Anschluss ausbauen.
3. Forschungsjournal anlegen Ein Forschungsjournal ist eine Art wissenschaftliches Tagebuch, in dem Notizen zu ersten Ideen, Thema, Methoden, Gesprächsergebnisse mit dem Mentor, Schwierigkeiten bei der Bearbeitung, Positives usw. festgehalten werden können. Gerade bei wissenschaftlichen Abschlussarbeiten und insbesondere Doktorarbeiten ist es interessant, die eigene Entwicklung über den Zeitraum des Projekts zu beobachten.
Problembereich B: „Zur richtigen Zeit keine Kreativität besitzen“
4. Durch Bewegung auf Ideen kommen Schon die großen Philosophen (z.B. Sokrates und sein Schüler Platon) erkannten, dass Bewegung gut für das Gehirn ist. Um auf neue Gedanken zu kommen, erkundeten sie die Gegend und suchten Kontakt zum Volk. Aristoteles und dessen Schüler bezeichneten sich als „Peripatetiker“ (altgriech. peripatein = umhergehen). Verschaffen Sie sich Bewegung und wechseln Sie die Schreiborte. Autoren berichten auch immer wieder, dass ihnen die besten Ideen beim Duschen kämen. Daher empfiehlt es sich, immer etwas zum Schreiben oder ein Diktiergerät (oft als Handyfunktion integriert) griffbereit zu haben!
5. Anregungen durch Vorbilder oder Mentoren vorstellen Überlegen Sie sich eine Persönlichkeit, die zu Ihrem Thema Stellung nehmen würde. Welche Anregungen erwarten Sie von dieser Person? Versuchen Sie daraus einen Text zu formulieren.
6. Bilder sammeln Welche Darstellungen fallen Ihnen zu Ihrem Thema ein? Zeichnen Sie dazu einige Skizzen oder hängen Sie entsprechende Fotos dazu in Ihrem Arbeitszimmer für weitere Denkanstöße auf!

Problembereich C: „Den roten Faden behalten“
7. Schlüsselbegriffe visualisieren Stellen Sie sich mit geschlossenen Augen die Schlüsselbegriffe Ihrer wissenschaftlichen Arbeit als innere Bilder vor. Schreiben Sie dazu einen Text.
8. Meditation und Distanz für Klarheit nutzen Nehmen Sie sich täglich dreimal fünf Minuten Zeit, um beispielsweise ganz still zu sein bzw. sich in einem kurzen Spaziergang von Ihrem Schreibort zu distanzieren. Reflektieren Sie währenddessen über das Wichtige und Unwichtige Ihres Themas. In Zeiten intensiven Schreibens an einer Sache ist es gut, kurze Ruhepausen einzulegen, um neue Kraft zu sammeln und das Wesentliche im Blick zu behalten.
9. Pause an einem ruhigen Ort einlegen Pausieren Sie für zwei Tage mit dem Schreiben an der Arbeit und fahren Sie an einen ruhigen Ort. Blicken Sie zurück auf den Beginn und Verlauf Ihres Werkes. Entwickeln Sie dann einen Plan für die noch fehlenden Teilbereiche.
Problembereich D: „Mich klar ausdrücken“
10. Formulierungen verdeutlichen Notieren Sie Ihr Thema mehrere Male hintereinander. Formulieren Sie dabei den Titel der Arbeit jedes Mal präziser. Wählen Sie dann die deutlichste Formulierung aus und begründen Sie die Wahl jedes Wortes. Was war das eigentliche Ziel des Themas? Versuchen Sie darauf gleich eine Antwort zu finden.
11. In eine Fremdsprache übersetzen – Begriffe und Ziele schärfen Um die zentralen Begriffe und Ziele der Arbeit zu schärfen, kann es hilfreich sein, diese einmal in eine Fremdsprache zu übersetzen. Der Prozess des Übersetzens trägt dazu bei, Ungenauigkeiten zu erkennen und zu präzisieren.
12. Alltags- und Kindersprache zur neuen Verständlichkeit einsetzen Übersetzen Sie den Titel Ihrer Arbeit einmal in die Alltagssprache, so dass ihn jeder – auch ein Kind – problemlos verstehen würde. Beobachten Sie dabei die neue Darstellung des Themas für Ihre eigenen Texte.

Problembereich E: „Nicht gut genug sein“
13. Gute und negative Urteile notieren Listen Sie in zwei Spalten jeweils die positiven und negativen Urteile auf, die Sie vom Betreuer Ihrer Arbeit erwarten und verfassen Sie daraufhin einen ersten Text.
14. Positive Person vorstellen Wenn Sie sich von den Schwierigkeiten Ihrer Arbeit überladen fühlen, versuchen Sie sich eine Person vorzustellen, zu der Sie eine positive Beziehung haben. Unterhalten Sie sich dann gedanklich mit dieser und berücksichtigen Sie die Konversation bei der Bearbeitung Ihres Textes.
15. Lizenzierungsmacht beobachten Beobachten Sie die Machtstrukturen in Ihrem Fachbereich/Ihrer Organisation (z.B. Hierarchien, Spielregeln). Beschreiben Sie Ihre Position in diesem Netzwerk und schildern Sie, wie Sie von außen (einer dritten Person) wahrgenommen werden.
16. Rollenspiele machen Versetzen Sie sich einmal in die maßgeblichen Personen, mit denen Sie während Ihrer Arbeit engen Kontakt haben. Stellen Sie sich vor, Sie würden drei Monate in deren Schuhe schlüpfen und ihre Aufgaben wahrnehmen. Welche Erwartungen müssten Sie in dieser neuen Rolle erfüllen? Mit welchen Erwartungen würden Sie nun an Ihre eigene Person beim Erstellen Ihrer wissenschaftlichen Arbeit herangehen?
Problembereich F: „Alles gelesen und geschrieben haben müssen“
17. Unbeantwortete Fragen auflisten Erstellen Sie eine Liste mit Fragen, die Sie im Rahmen Ihres Themas nicht beantworten können. Verweisen Sie beispielsweise im Ausblick Ihrer Arbeit auf lohnenswerte weitere Forschungsfelder.

Quelle: Eigene Erstellung.

5.5 Zwischenfazit: Motivation und Blockaden

1. Die eigene Motivation zur Bearbeitung des Themas stellt einen bedeutenden Aspekt dar, Schreibblockaden entgegenzuwirken. Erfahrungsgemäß wirkt sich ein hohes Interesse für das Thema positiv auf die Motivation zum Schreiben aus!
2. Hilfreich kann sein, einen eigenen Bezug zum Arbeitstitel herzustellen. Habe ich vielleicht schon einmal Erfahrungen (z.B. im Rahmen eines Praktikums, eines Jobs) in diesem Bereich gesammelt? Kenne ich jemanden, der sich mit dem Untersuchungsgebiet besonders gut auskennt und den ich dazu befragen könnte?
3. Sprechen Sie mit anderen Menschen (z.B. Kommilitonen, Kollegen, Freunden, Bekannten) über das Thema Ihrer Arbeit. Ein Gespräch hilft oftmals schon, das Problem aus verschiedenen Blickwinkeln zu betrachten und gedanklich festgefahrene Muster aufzulösen!
4. Stellen Sie sich bei Schreibblockaden die kritische Frage im Hinblick auf den Sinn und Zweck des angestrebten Abschlusses und wissenschaftlichen Arbeitens, um Klarheit für das eigene Ziel zu schaffen: Ist es die schnelle Abgabe, die gute Note, das erstrebte Ansehen, der Bezug des praxisnahen Themas direkt zum Job, das Verlängern des Studentenstatus, dem Professor zuzuarbeiten, eine Eintrittskarte für ...!

Raum für eigene Notizen:

6 Sprachliche Gestaltung von Texten

„Lest die großen Gelehrten und die großen Kritiker, und ihr werdet sehen, daß sie, von wenigen Ausnahmen abgesehen, immer ganz klar schreiben und daß sie sich nicht genieren, alles gut zu erklären" (ECO 2005, S. 183f.).

6.1 Entwicklung eigener Wissenschaftstexte

ECO bringt es in dem vorangegangenen Zitat auf den Punkt, wenn er auf die Bedeutung der Klarheit der Sprache bereits bei den großen Gelehrten und Kritikern hinweist.

Gerade heute, im Zeitalter des Informationsüberflusses, scheint dieser Aspekt von besonderer Wichtigkeit: Die meisten Leserinnen und Leser – ob Studierende oder Professoren, Laien oder Forscher – wünschen sich beim Lesen von akademischen Texten eine klare, verständliche Sprache.

Ein charakteristisches Merkmal einer Wissenschaftsdisziplin ist jedoch ihr Fachjargon, der durch seine jeweiligen Fachbegriffe und -terminologien gekennzeichnet ist. Dazu gehören auch ein festgelegtes Layout bzw. ein einheitlicher Zitierstil, den Schreiber beim Verfassen eigener wissenschaftlicher Texte berücksichtigen sollten. Darin spiegeln sich auch die unterschiedlichen Traditionen einzelner Wissenschaften wider.

Kernaufgabe beim Paraphrasieren (d.h. Textinhalte in eigenen Worten wiedergeben) von Schriftstücken anderer Autoren ist es, die wichtigsten Informationen herauszufiltern und diese neu darzustellen. Welche Aussage/n liefert der Text? Wie sind die zentralen Ergebnisse innerhalb des Forschungsgebiets zu verorten? Was ist für den eigenen Text essenziell?

Eine weitere Aufgabe des Schreibers ist es, Informationen zu kommentieren und zu interpretieren, um daraus einen eigenen Standpunkt zu entwickeln. Das Finden dessen mündet idealerweise in die Ausarbeitung von Konzepten, Strategien und/oder Empfehlungen.

Vor diesem Hintergrund kann die wissenschaftliche Textproduktion in einzelne Arbeitsschritte unterteilt werden, die nachfolgend vorgestellt werden.

Abbildung 13: Entwicklung eines eigenen Textes

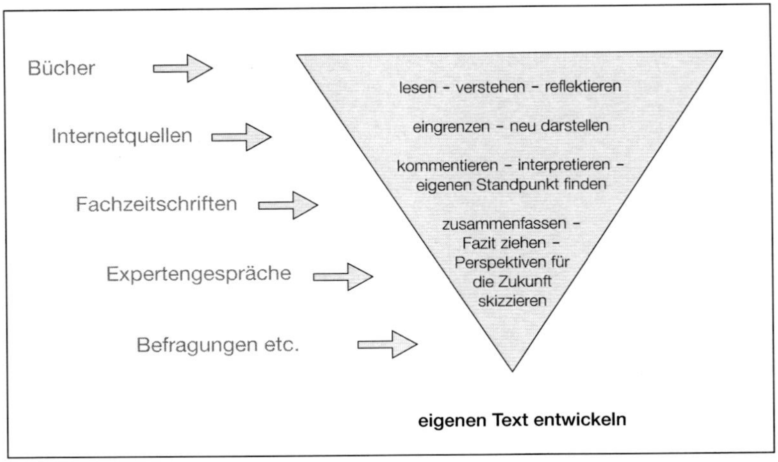

Quelle: Eigene Erstellung.

Um Klarheit und Genauigkeit in Schriftwerke zu bringen, gibt es darüber hinaus *fächerübergreifende Techniken des wissenschaftlichen Schreibens*, die diese strukturierter, organisierter und damit prägnanter werden lassen wie:

- einheitliche Struktur einhalten
  (z.B. Gliederungspunkte, Fußnoten, Quellenangaben, Layout)
- argumentieren
  (z.B. gut begründen, belegen, präzisieren, kommentieren, neu darstellen)
- Terminologien einheitlich verwenden
  (z.B. Begriffe definieren)

Ferner können weitere Instrumente des Schreibens dazu beitragen, dass Zusammenhänge besser kommuniziert und zentrale Ergebnisse festgehalten werden, z.B.:

- sprachliche Überleitungen zur Einführung neuer Hauptkapitel
  (Beispiel: „Nachdem in Kapitel 2 eine theoretische Einführung zu ... erfolgte, um die Basis für ... zu verdeutlichen, wird im anschließenden Kapitel 3 ... vorgestellt. Ein Kernbereich stellt ... dar, weil ...")
- Zwischenfazits am Ende jeden Kapitels
- Zusammenfassung, Fazit und Ausblick am Ende der Arbeit
  unter Bezugnahme auf die Fragen der Einleitung

6.2 Terminologien und Synonyme

6.2.1 Einleitung

Einleitende Textteile stehen am Anfang eines Kapitels, zu Beginn eines neuen Abschnitts oder eines neuen Themenbereichs. Hier geht es immer darum, den Leser zunächst in einen Sachverhalt einzuführen. Nachfolgende Tabelle zeigt Formulierungshilfen, wie ein Kapitelanfang, beispielsweise für das Kapitel „Ziele und Fragestellungen der Arbeit", gefunden werden kann.

Tabelle 20: Formulierungsbeispiele für einleitende Textteile

- Beginnen Sie z.B. mit der Relevanz des Themas als Einführung, z.B.: „Nachdem im Jahre ... die Bologna-Beschlüsse über ... unterzeichnet wurden, ..."
- Eine weitere Formulierung könnte so oder ähnlich aussehen: „Wie diese Politik sich im Laufe der letzten zehn Jahre entwickelt hat, welche Schwierigkeiten bzw. Probleme auf diesem Gebiet zu meistern waren und noch sind, soll im Rahmen dieser Arbeit herausgearbeitet werden."
- In diesem Teil können Sie auch Fakten aufführen, die die Aktualität Ihres Themas untermauern. Auch eine kurze Anekdote oder persönliche Erfahrungen können das Interesse des Lesers wecken.

Quelle: Eigene Erstellung.

Für das Kapitel „Aufbau der Arbeit" gibt es, wie in Tabelle 21 dargestellt, weitere Formulierungsalternativen.

Tabelle 21: Formulierungsbeispiele zum Kapitel „Aufbau der Arbeit"

- Die vorliegende Arbeit gibt einen Überblick über ...
- Einleitend dazu wird auf ... eingegangen.
- Die (historische) Entwicklung zeigt, dass ...
- Im Rahmen der Literaturrecherchen (etwaiger Expertengespräche, Interviews) und ... stellte sich im Laufe der Bearbeitungszeit heraus ...
- Kapitel 1 beschäftigt sich mit ...
- Im zweiten Kapitel werde ich mich mit ... befassen.
- Im darauf folgenden Kapitel wird gezeigt ...
- Nicht zuletzt ...
- Abschließend ...

Quelle: Eigene Erstellung.

Wenn Sie feststellen, dass Sie bestimmte Wörter und Wendungen öfter wiederholen, erarbeiten Sie sich Ihren eigenen Fundus an Synonymen, Wortfeldern und Terminologielisten passend zu Ihrem Thema, ähnlich wie es z.T. beim Fremdsprachenlernen gemacht wird. Er kann zu einer nützlichen Hilfe während des Schreibens werden (vgl. Tabelle 22).

Tabelle 22: Terminologieliste für einführende Wissenschaftstexte

1. Begriffe zum Stichwort „Einführung“: als Einleitung / als Erstes / als Introduktion / am Anfang / an erster Stelle / anfangs / beginnend / einführend / einführender Text / einleitend / eröffnend / erst einmal / erstens / heranführen / im Allgemeinen / im Anfang / im ersten Fall / im ersten Schritt / im ersten Teil / im folgenden Abschnitt wird zunächst / im folgenden Kapitel / im Vorfeld / im Vorhinein / mit dem Thema vertraut machen / vertraut machen / vorab / vorangestellt / Vorbemerkung / vorbereitend / vordem / vorher noch / vornan / vorstellen / zu Beginn / zuerst / zur Einführung / zur Eröffnung / zur Vorbereitung / zunächst / zunächst einmal / zuvor
2. Begriffe zum Stichwort „Forschungshintergrund“: Ausgangspunkt / Ausgangssituation / Basis / Charakteristika / die bisherigen Analysen, Forschungen, wissenschaftlichen Erkenntnisse, Erklärungen / Forschungsansatz / Fundament / Grundlage / Grundlagenforschung / Herkunft / Hintergrund / historische und aktuelle Entwicklungen / Problemlösungsanspruch / Rückblick / Theorie / Ursache / Voraussetzung / Zielsetzung / Zusammenhang
3. Begriffe zum Stichwort „Sichtweise“: Ansicht / Aspekt / Auffassung / Aussicht / Betrachtungsweise / Betrachtungswinkel / Bezugspunkt / Blickpunkt / Blickrichtung / Blickwinkel / Chance / der Versuch eröffnet nicht nur eine andere Sicht auf / durch die Brille von / einen Blick werfen auf / Einstellung / Gesichtspunkt / Gesichtswinkel / Grundposition / Haltung / Hinsicht / Lehrmeinung / Meinung / Perspektive / Referenzpunkt / Sicht / so gesehen / Standpunkt / Überzeugung / vom Standpunkt des Beobachters / Wissenschaftsschule
4. Begriffe zum Stichwort „Problematik“: Angelegenheit / Aufgabe / aufkommende Fragen / Barrieren / besonders problematisch ist / die Gründe für / diffizil / ein aufgrund / ergänzungsbedürftig / erklärungsbedürftig / Erschwernis / Fall / Frage / fraglich / Friktion / Grund / Hemmnis / Hindernis / Hürde / kompliziert / kritisch / mit einem Risiko behaftet / mit Schwierigkeiten verbunden / nicht leicht / Problem / problematisch / Problemstellung / Punkt / Risiken / Sache / Schwierigkeit / Sperre / Streifpunkt / Thema / Thematik / ungewiss / unklar / unsicher / unvollständig / Ursache / Wagnis / zweifelhaft
5. Begriffe zum Stichwort „Frage“: Anfrage / Angelegenheit / Aufgabe / Auskunft / die Formulierung einer Frage / die Frage nach / eine klare Frage / Entscheidungsfrage / Ergänzungsfrage / erkundigen / ersuchen / es fragt sich allerdings / es stellt sich die Frage / Frage aufwerfen, richten, stellen, vorbringen / Fragestellung / Fragetyp / fragwürdig / herausfinden / Hintergrundinformationen zur Fragestellung / Informationen einholen / Interviewfragen / journalistische Frage / Kardinalfrage / nachfragen / offene, geschlossene, suggestive Fragen / Punkt / sich mit einer Frage wenden an / solche Fragen sind deshalb von Relevanz / Thema / um Auskunft bitten / W-Fragen / zum Denken anregen

6. Begriffe zum Stichwort „Methodik“:
angewandte Methoden / Arbeitsweise / Art / Art und Weise der Durchführung / Aufbau des Fragebogens / Durchführung der Datenerhebung / folgerichtiges Vorgehen / Forschungsdesign / Grundgesamtheit und Stichprobe / Handhabung / Methodenbündel / planmäßiges Verfahren / Planung / Praxis / Technik / Verfahrensweise / Vorgang / Vorgehensweise / Weg / wissenschaftliche Methode

7. Begriffe zum Stichwort „Zielsetzung“:
Absicht / abzielen auf / anlegen / anspielen auf / anstreben / anvisieren / beabsichtigen / Bestimmungsort / Bestrebung / beziehen auf / bezwecken / den Zweck haben, verfolgen / durchdacht / Endstation / entschieden / entschlossen / Gedanke / gelten / geplant / gezielt / hinzielen / intendieren / Intention, intentional / Interesse / konsequent / mit Methode, System, Überlegung / Plan / planmäßig / planvoll / Reiseziel / resolut / sich richten gegen / Sinn / systematisch / überlegt / unbeirrbar / Vorhaben / Wille / Wollen / Wunsch / zielgerichtet / zielorientiert / Zielort / Zielverfolgung / Zielvorstellung / zu erreichen suchen / zum Ziel haben, setzen / Zweck / zweckdienlich / zweckgerichtet

Quelle: Eigene Erstellung.

6.2.2 Hauptteil

Der Hauptteil der Arbeit stellt den Kernbereich der Arbeit dar. Hier werden wichtige Argumente zur Unterstützung von These bzw. Hypothese geliefert. Auch in diesem Bereich der Arbeit kann die Sachlogik in Sprachlogik überführt werden, wie nachfolgende Stichwörter zeigen.

Tabelle 23: Terminologieliste für den Hauptteil von Wissenschaftstexten

1. Begriffe zum Stichwort „Inhalt“:
Anteil / Aspekte / Aussage / auszeichnen / bedeuten / beinhalten / Besonderheiten / bewerten / charakteristisch / Daten / Eigenschaft / erschließen / es fällt auf / es geht um / Essenz / Gegenstand / implizieren / im Wesentlichen / in erster Linie / Informationen / insbesondere / interpretieren / Kapazität / kennzeichnend / Kern / Kernaussage / Kerninhalt / Kernstück / Kontext / Literatur / Medieninhalte / Meinungen / Nachricht / Thema / Umfang / vornehmlich / weitgehend / Wiedergabe / Wissen / zentrale Bedeutung / zentrale Erscheinung

2. Begriffe zum Stichwort „Definition“:
absoluter, relativer Begriff / abstrakter, konkreter Begriff / Abstraktion / Allgemeinbegriff / Anschauung / Auffassung / Ausdruck / Begriff / Begrifflichkeit / Begriffsbestandteile / Begriffsbildung / Begriffsinhalt (Intension) / begriffsmäßig / Begriffsmerkmale / Begriffsumfang (Extension) / Bezeichnung / Bild / definitorische Abgrenzung / Denkeinheit / Eigenschaften / Eindeutigkeit / im engeren, weiteren Sinn / Logik / Mehrdeutigkeit / Merkmale / Metasprachlichkeit eines Ausdrucks / positiver, negativer Begriff / Schreibweise / Semantik / Terminologie / Terminus / theoretisch / Unterscheidung / vereinbare, unvereinbare Begriffe / Vokabel / Vorstellung / Wort

3. Begriffe zum Stichwort „Häufigkeit“:
dauernd / des Öfteren / eine Anzahl von / eine Menge / eine Reihe von / eine Vielzahl von / etliche Mal / häufig / immer wieder / in vielen Fällen / jährlich / kaum / laufend / mehrfach / mehrmals / nicht selten / nie / oft / öfter / oftmals / periodisch / regelmäßig / sehr oft, sehr selten / selten / ständig / täglich / überwiegend / verbreitet / vermehrt / viele Male / vielfach / wiederholt / wiederkehrend / wöchentlich / zahlreich

4. Begriffe zum Stichwort „Praxis“:
Anwendung / anwendungsbezogen / Applikation / Ausübung / bei der Übertragung des Modells in die Wirtschaft, in die Praxis / Berufspraxis / Einsatz / Empirie, empirisch / Erfahrung, den Erfahrungen entsprechend / Erfahrung in einem Tätigkeitsfeld / Gebrauch / handlungsbezogen / im Alltag / im realen Leben / im Unternehmen / in der anwendungsorientierten Wissenschaft / in der Praxis anwenden / in der Realität / in der Wirtschaft / konkret / lebenserfahren / lösungsorientiert / Nutzung / pragmatisch / Praktik / praxisorientiert / Routine / soziale Praxis / tatsächliche Durchführung einer Tätigkeit / Umsetzung / Verfahrensweise / Verwendung / Vorgehensweise / Wirklichkeit

5. Begriffe zum Stichwort „Zahlen“:
Angaben / anhand der hier vorgestellten Zahlen / Anzahl / Daten / Fakten / ganze Zahlen / gerade, ungerade Zahlen / arabische, griechische, römische, indische, asiatische Zahlen / Jahreszahl / komplexe Zahlen / Maßeinheit / Maßzahl / mathematische Verknüpfungen / Menge / Mengenbegriff / messen / physikalische Größe / Qualität / Quantität / Summe / Wert / Zahlensystem / Zahlenwert / Zählung, zählen / Zahlwort / Zeichen / Ziffer / zusammengesetzte Zahlen

6. Begriffe zum Stichwort „Zeit“:
aktuell / augenblicklich / bereits vor / damals / darauf folgend / der Vergangenheit angehören / derzeit / die Zeit der / diese frühe Zeit / ehemals / einmal / einst / forthin / früher / gegenwärtig / gestern – heute – morgen / in den letzten Jahren / in dessen Verlauf / in Zukunft / künftig / laufend / momentan / nachfolgend / nach wie vor / nicht eher / nicht vor / seit / sind passé / von heute / vordem / vor längerer Zeit / vormals / während / weiterhin / zeitgenössisch / zeitlich / zukunftsfähig / zur Zeit ihrer Entstehung

7. Begriffe zum Stichwort „Detail“:
Anteil / Ausschnitt, ausschnittweise / Auszug, auszugsweise / Baustein, bausteinhaft / Beitrag / Bereich / Bestandteil / bis ins kleinste Detail auseinander nehmen / charakterisierendes Element / Details überbewerten / Detailfrage / detailgenau / detailgetreu / Detailkenntnis / detailliert / detailreich / detailverliebt / Detailzeichnung / Einzelheit / Einzelteil / Element / Fragment / Genauigkeit / ins Detail gehen / kleiner Ausschnitt, Teil / Kleinigkeit / Komponente / Item / Segment, segmentiert / sich in Details verlieren / Teil / Zerlegung in Details / zu vernachlässigende Details / zum Zweck der Analyse / Zusammenfügung von Details zu einem Ganzen

8. Begriffe zum Stichwort „Merkmal“:
Aspekt / Attribut / benennen / beobachten / Beschaffenheit / beschreiben / Beschreibungsmerkmale / Besonderheit / Charakteristikum / Eigenschaften / eindeutige Zuordnung / einzigartig / erhobene Größe / Indikator / Kategorie / kategorisieren / Kennzeichen / Klasse / Kriterium / Merkmalsstruktur / statistische Variable / Zeichen

9. Begriffe zum Stichwort „Aufmerksamkeit":
achten / achtgeben / Achtung / Aufmerksamkeit erreichen, schenken, widmen / Augenmerk / Auswahl von Informationen / Beachtung, beachten / bemerken / Berücksichtigung / Bewusstsein / Engagement / Informationsverarbeitung / Interesse / interessiert sein / Konzentration / Neugier / öffentliche Aufmerksamkeit / Respekt / Sammlung / Selbst- und Außenwahrnehmung / Teilnahme / Umfang der Aufmerksamkeit / Verarbeitung von Reizen / Wahrnehmung, wahrnehmen / Wahrnehmungsfokus

10. Begriffe zum Stichwort „Beispiel":
Beispiel aus dem gegenwärtigen Leben / Beispiel aus der Geschichte / beispielhaft / beispielshalber / beispielsweise / Beweise / dazu gehören / exemplarisch / Fallbeispiel / konkret bedeutet dies / Leitbild / Modell, modellhaft / Muster / Musterbeispiel / nachahmenswert / Paradigma / so / so zum Beispiel / spezieller Fall, durch den etwas erklärt wird / veranschaulichender Beleg / Vorbild, vorbildhaft, vorbildlich / typisch dafür / wie etwa / wie zum Beispiel

11. Begriffe zum Stichwort „Kunde":
abnehmen / Abnehmer / Akquisition von Kunden / Auftraggeber / Bedarfsträger / Besteller, bestellen / Bezieher, beziehen / Direktmarketing / Endkunde / Handelspartner / in Auftrag geben / Interesse an Produkten, Dienstleistungen / Interessent / Käufer, kaufen / Klient / Konsument, konsumieren / Kundenbedürfnisse / Kundendaten / kundenfreundlich / Kundenmanagement / kundenorientiert / Kundenpräferenzen / Kundenverhalten / Kundenwert / Kundenwünsche / Kundenzufriedenheit / Kundschaft / Nutzer / Qualität der Kundenbeziehung / Stammkundschaft / Verbraucher, verbrauchen

12. Begriffe zum Stichwort „Analyse":
Analysephase / analytische Vorgehensweise / auf den Grund gehen / Aufgliederung / Auseinandersetzung / Auswertung / Datenanalyse / Detail / durchleuchten / entgegnen / erforschen / ergründen / erklären / Evaluation / Evaluierung / fundieren / in Bestandteile zerlegen / Interpretation / Ist-Zustand / Kontrolle / prüfen / qualitative, quantitative Analyse / rechtfertigen / Soll-Zustand / Statistik / systematische Untersuchung / Ursachen / Vor- und Nachteile abwägen / Zergliederung / Zerteilung

13. Begriffe zum Stichwort „Fakten":
außer Frage / außer Zweifel / bestimmt / Beweis / de facto / der Fall / die Fakten zeigen, demonstrieren / diese Annahme wird belegt durch / durch Beobachtung gegebener Sachverhalt / eindeutig / es ist offensichtlich / evident / Fakt ist / faktisch / Faktizität / Faktum / Gegebenheit / gegebener Umstand / gesichert / gewiss / in der Tat / Indiz / in echt / in jedem Fall / in Wirklichkeit / klar ersichtlich / mit Sicherheit / nach Lage der Dinge / nicht der Fall / nicht von der Hand zu weisen / objektiv existierender Sachverhalt / offenkundig / offensichtlich / ohne Zweifel / Realität / Sachverhalt / selbstverständlich / sicher / so wurde nachgewiesen, dass / Tatsache / tatsächlich / tatsächlich der Fall / Umstand / unbestreitbar / unwiderlegbar / wirklich / Wirklichkeit / zweifelsfrei / zweifelsohne

14. Begriffe zum Stichwort „Argumentation":
Argument / Argumentationsaufbau / Argumente vorbringen / argumentieren / Aussage / Begründung / Behandlung / Beleg / Beweis / Beweisführung / Beweisgrund / Bilanz ziehen / Dialektik / Dialog / Diskussion / Disput / dokumentieren / Fehlschlüsse / gesellschaftliches, moralisches, ideologisches, ethisches Argument / Grundannahme / Kette von Schlussfolgerungen / Konklusion / Kritik / Leser, Zuhörer überzeugen / Nutzwertargument / Prämisse / Praxis der Argumentation / Scheinargumente / Schlussfolgerungen / Synthese / These

15. Begriffe zum Stichwort „Möglichkeit“: Alternative / Aussicht / Chance / Eigenschaften / eine Möglichkeit unter mehreren / etwas ist geplant / etwas ist nicht ausgeschlossen / Eventualität / Fähigkeiten / Gelegenheit / Idee / Mittel / Möglichkeit von Ereignissen, von Handlungen / Option / Perspektive / Potential / Potentialität / Variante / Vorstellung / Wahrscheinlichkeit / Weg / Zukunft
16. Begriffe zum Stichwort „Zusammenhang“: bei einem Vergleich / Beziehung / Bezug / demzufolge / der rote Faden / die Grenze zu … ist fließend / die im Zusammenhang / einhergehen / folgerichtig / hervorgehen / hinsichtlich / im Gegensatz / im Hinblick auf / im Kontext / im Vergleich / im Zuge / im Zusammenhang / in Bezug / in diesem Sinne / in diesem Umfeld / ineinander greifend / in Hinsicht auf / Kohärenz / Kohäsion / Konsistenz / mit Blick auf / parallel / Resultat aus / sich ableiten / sich beziehen / Sinnzusammenhang / sowohl als auch / Struktur / Systematik / tangieren / Verbindung / Verbundenheit / Verhältnis / Verknüpfung / zum Kreis gehören / zusammengehören / Zusammenhänge als solche / zusammenspielen / zusammenwirken
17. Begriffe zum Stichwort „Zustimmung“: absegnen / Affirmation / Agreement / anerkennend / Anklang finden / befürworten / begrüßen / Beipflichtung / Beistimmung / bejahen / bekräftigend / Bestätigung / Bewilligung / Billigung / einer Meinung mit jemandem sein / Einverständnis / Einwilligung / Erlaubnis / Erwiderung / genehmigen / gewähren / positive Haltung gegenüber / unterstützen / Zuneigung / Zusage / Zuspruch / zustimmen
18. Begriffe zum Stichwort „Unentschlossenheit“: einerseits … andererseits / Entschlusslosigkeit / es scheint / indeterminiert / in einigen Aspekten scheint hier / nicht entschlussfreudig / nicht sicher / Unentschiedenheit / unentschieden sein / Unschlüssigkeit / unschlüssig sein / Unsicherheit / unsicher sein / vage / verhalten / Vermutung / weder … noch / zögernd / zum einen … zum anderen aber
19. Begriffe zum Stichwort „Widerspruch“: Ambivalenz / antagonistisch / antithetisch / das Widersprüchliche an dieser Situation ist / diametral / diffus, Diffusität / diskrepant, Diskrepanz / doppelte Moral / Dualismus, dualistisch / einerseits … andererseits / Gegenrede / Gegensatz / gegensätzlich, Gegensätzlichkeit / in beißender Ironie enthüllen / inkonsequent, Inkonsequenz / inkonsistent, Inkonsistenz / Kontradiktion, kontradiktorisch / konträr / nicht übereinstimmen / paradox / Paradoxie / Paradoxon / Protest / unstimmig / unvereinbar, Unvereinbarkeit / widersprechende Äußerung / Widerspruch einlegen / widersprüchliche Struktur / Widersprüchlichkeiten, sich widersprechen / zum einen … zum anderen aber / zwei Seiten
20. Begriffe zum Stichwort „Kritik“: angreifen / attackieren / beanstanden / bedenklich / Beurteilung / bewerten / Einschätzung / Einwand / in Frage stellen / Infragestellung / Kritikfähigkeit / Kritikgespräch / Kritik üben / kritisch hinterfragen, bewerten, reflektieren / kritisch sein / kritische Würdigung / mit kritischem Auge auf … schauen / positive, negative, konstruktive, destruktive Kritik / problematisch / rezensieren / urteilen / würdigen / zweifeln an
21. Begriffe zum Stichwort „Negation“: ablehnen / ableugnen / abstreiten / abwehren / abweisen / bestreiten / dementieren / für unzutreffend erklären / kritisieren / Kritik üben / leugnen / meiden / mit Nein beantworten / negieren / Nein / nicht akzeptieren / nicht gelten lassen / nicht genehmigen, gewähren / nicht hinnehmen / nicht wahrhaben wollen / reklamieren / verneinen / verurteilen / verweigern / von sich weisen / widersprechen / zurückweisen

22. Begriffe zum Stichwort „Tradition“: althergebracht / bewährt / Brauchtum / eingefahren / erprobt / früher / gängig / Gepflogenheiten / gewöhnlich / gewohnt / herkömmlich / historisch / im traditionellen Sinne / klassisch / konservativ / Konventionen / Kultur / kulturelles Erbe / Meinung / tradiert / überholt / Überlieferung / Überzeugung / üblich / Weitergabe von Verhaltens- und Handlungsmustern
23. Begriffe zum Stichwort „Moderne“: aktuell / aktuelle Studien / auf dem neuesten Stand / augenblicklich / derzeit / Fortschritt / fortschrittlich / gegenwärtig / heute / innovativ / jetzt / kontemporär / mit der Zeit gehend / moderne Trends / momentan / neu / neuzeitlich / progressistisch / unausgereift / zeitgemäß / zeitgenössisch / zukunftsgerichtet / zukunftsorientiert / zukunftsweisend
24. Begriffe zum Stichwort „Kreativität“: Begabung / einfallsreich, Einfallsreichtum / erfinden / Erfindergeist / erfinderisch / Erfindung / Erfindungsgabe / erfindungsreich, Erfindungsreichtum / etwas neu schöpfen, erfinden, erwählen, erzeugen, herstellen / Fähigkeit schöpferischen Denkens und Handelns / Fantasie, fantasievoll / Flexibilität / Gedankenreichtum / geistreich / genial / gestalterisch / Idee / Ideenfindung / Ideenfluss / Ideenreichtum, ideenreich / Innovation, innovativ / Interesse / Kreation / kreativ / kreative Prozesse, Personen / kreatives Produkt, Umfeld / Kreativität besitzen / Kreativitätstechniken / kreieren / Kultur / Kunst, künstlerisch / Lebensumfeld / Motivation / Neugier / Originalität, originell / Problemsensitivität / schöpferisch, Schöpfertum / schöpferische Kraft / Selbstwertsteigerung / spielerisch / Vorstellungskraft / wachsen / werden
25. Begriffe zum Stichwort „Wandel“: Abkehr, abkehren / abwandeln, Abwandlung / anders werden / Änderung, sich ändern / einen Wandel erfahren / Einschnitt / Erneuerung, sich erneuern / im Wandel begriffen sein / Korrektur, korrigieren / mit diesem grundlegenden Wandel / Modifikation / modifizieren, Modifizierung / Neuerung / neu gestalten, Neugestaltung / neu ordnen, Neuordnung / neu regeln, Neuregelung / Reform, reformieren / Reorganisation, reorganisieren / Revolution, revolutionieren / sich ändern, drehen, umstellen / sich im Wandel befinden / Transformation, transformieren / überarbeiten, Überarbeitung / umändern, Umänderung / umarbeiten, Umarbeitung / umbilden, Umbildung / Umbruch / umgestalten, Umgestaltung / Umkehr, umkehren / umschlagen / Umschwung / umspringen / umstellen, Umstellung / umwälzen, Umwälzung / umwandeln, Umwandlung / variabel / Variation / veränderlich, Veränderung / verbessern, Verbesserung / Wandel einleiten / wandelbar / Wandlung / Wechsel, wechseln / Wende, wenden / Wendepunkt / Wendung

Quelle: Eigene Erstellung.

Am Ende des Hauptteils werden die *Ergebnisse* der Untersuchung vorgestellt. Bei empirischen Arbeiten präsentieren sich die Ergebnisse oft in einem eigenen Kapitel. Im Anschluss daran sollten diese dann interpretiert werden, um daraus *Erkenntnisse und Empfehlungen* abzuleiten. Für das Verfassen dieses Textteils der Arbeit stehen zahlreiche sprachliche Formulierungshilfen zur Verfügung, wie Tabelle 24 zeigt.

Tabelle 24: Terminologieliste für den Ergebnisteil von Wissenschaftstexten

1. Begriffe zum Stichwort „Ergebnis": Ausgang / Auswirkung / Befund / Bilanz / Denkergebnis / Effekt / Einzelergebnis / Ende eines Prozesses, eines Ablaufs von Aktivitäten / Endergebnis / Endstand / Erfolg / ergebnislos / Erlangung einer Problemlösung / Erreichtes / Ertrag / Fazit / Folge / Gesamtergebnis / Gewinn / Konsequenz / Misserfolg / Nachwirkung / Phänomen / Produkt aus Überlegungen, Ausarbeitungen / Quintessenz / Resultat / Resümee / Schlussergebnis / Schlussfolgerung / Versuchsergebnis / Wirksamkeit / Wirkung
2. Begriffe zum Stichwort „Interpretation": ansehen / Auffassung / ausdeuten / Auslegung / Bedeutsamkeit / Bedeutung / begreifen / betrachten / beurteilen / bewerten / Dateninterpretation / Deskription / Deutung / einschätzen / empfinden / erachten / Erklärung / Erläuterung / Exegese / Exemplifikation / Explikation / Illustration / Klarlegung / Kommentar / Konkretisierung / Sinndeutung / Texte deuten, interpretieren / Textinterpretation / Textverständnis / Übersetzung / verstehen / werten
3. Begriffe zum Stichwort „Erkenntnis": Aufschluss / Axiom / Bewusstsein / durch Einsicht und Erfahrung gewonnene Erkenntnis / Einblick / Eindruck / Einsicht / Erfahrung / Erkanntes / Erkenntnisbegriff / Erkenntnisbeitrag / erleben / Gefühle / Gewissheit / Glaube / Grundprinzip / Grundsatz / Klarblick / Lehrsatz / Leitsatz / Maxime / Theorem / Überblick / Überzeugung / Vorstellung / Wahrheit / Wissen
4. Begriffe zum Stichwort „Empfehlungen": andenken / anraten / anregen, Anregung geben / befürworten / empfehlen, Empfehlung aussprechen / Empfehlungsschreiben / Information über gute Qualität / nahe legen / nennen / positiv wertender persönlicher Hinweis / Rat geben, raten / Vorschlag unterbreiten, vorschlagen / weiterempfehlen / werben, Werbung für eine Sache

Quelle: Eigene Erstellung.

6.2.3 Schlussteil

Im Schlussteil der Arbeit werden noch einmal die wichtigsten Aussagen zusammengefasst. Gängige Kapitelüberschriften dafür sind beispielsweise „Zusammenfassung, Fazit und Ausblick", „Schlussbetrachtung" oder „Resümee und Ausblick". In Tabelle 25 dargestellte sprachliche Varianten können dabei Anwendung finden.

Tabelle 25: Terminologieliste für den Schlussteil von Wissenschaftstexten

1. Begriffe zum Stichwort „Schluss“: Ableitung / Abschluss / am Ende / aus diesen Überlegungen folgt / Ausgang / Beendigung / demzufolge / Ende / endlich / Fazit / Finale / folglich / Gedankenschluss / Gesamtbetrachtung / Konklusion / Rückschluss / Resümee / schließlich / schließlich und endlich / Schlussappell / Schlussbetrachtung / schlussendlich / Schlussfolgerung / Schlussfrage / Schlusskapitel / Schlusspunkt / Schlusssatz / zu guter Letzt / zuletzt / zum Schluss kommen / zusammenfassend
2. Begriffe zum Stichwort „Zusammenfassung“: abschließend darlegen / Abstract / aggregieren / auf den Punkt bringen / Aufriss / Extrakt / Inhaltsangabe / integrieren / konzentrieren / koordinieren / kürzen / Kurzfassung / paraphrasieren / Resümee, resümieren / sammeln / summieren / synchronisieren / syndizieren / unifizieren / verbinden / vereinbaren / vereinigen / verknüpfen / verkürzen / verkürzte Darstellung / verschmelzen / wiedergeben / Zusammenfassung schreiben / zusammenfügen / zusammenführen / zusammenlegen / zusammenschließen / zusammensetzen / zusammenstellen
3. Begriffe zum Stichwort „Ausblick“: absehen / Ausblick / ausgehen von / Aussicht / Bild / Blick in die Zukunft / Chance / Erwartung, erwarten / Ferne / Hoffnung / kommen sehen / Möglichkeit / Perspektive / Prognose, prognostizieren / rechnen mit / Sicht / vorausbestimmen / Voraussage, voraussagen / Vorausschau, vorausschauen / Voraussicht, voraussehen / Vorhersage, vorhersagen, vorhersehen / Weitblick / Weg / Zukunft / Zukunftsaussichten / Zukunftserwartungen

Quelle: Eigene Erstellung.

6.3 Verdeutlichung der inhaltlichen Logik durch sprachliche Mittel

6.3.1 Konjunktionen und Aufzählungen

Neben den oben vorgestellten Terminologielisten mit Formulierungsbeispielen und Synonymen, die gerne beim wissenschaftlichen Schreiben angewandt werden, eignen sich sprachliche Mittel auch dazu, logische Strukturen sichtbar zu machen. Dabei nehmen Konjunktionen – in der Textlinguistik als *Bindewörter* oder *Konnektoren* bezeichnet – eine besondere Funktion bei der Verschriftlichung von Gedanken ein, weil sie einzelne Sätze oder Satzteile nicht nur sprachlich miteinander verbinden, sondern auch Inhalte logisch zusammenhalten (vgl. Tabelle 26).

Tabelle 26: Beispiele für Bindewörter

- aber, allein, allerdings, als, außer
- bevor, beziehungsweise, bis
- da, daher, damit, das heißt, dass, denn, deshalb, doch
- ehe, entweder … oder, falls
- indem, jedoch, nachdem, obwohl, oder
- sobald, sodass, sofern, solange, sondern, soweit, sowie, sowohl … als auch
- um zu, und
- während, weder … noch, weil, wenn, wenn auch, wie, wie auch, wohingegen zumal

Quelle: Eigene Erstellung.

Eine weitere Differenzierung der Konnektoren entsprechend ihrer semantischen Kategorie ermöglicht es dem Leser, inhaltliche Zusammenhänge klarer und deutlicher zu machen (vgl. Tabelle 27). Achten Sie bei der Verwendung dieser kleinen Wörtchen auf ihren passenden Einsatz!

Tabelle 27: Konnektoren zur Verdeutlichung inhaltlicher Zusammenhänge

Bedeutungsgruppe	Beispiele für Konnektoren
additiv (ergänzend)	auch, außerdem, darüber hinaus, ferner, und, sowie, sowohl als auch
adversativ (gegensätzlich)	dagegen, demgegenüber, während, wohingegen
explikativ (erklärend)	das heißt, nämlich, um … zu, und zwar
final (abschließend)	auf dass, damit, dazu, wozu
inkrementiv (zunehmend)	sogar
kausal (begründend)	da, denn, nämlich, weil
konsekutiv (folgend)	also, folglich, dadurch, daher, damit, dann, darum, demnach, demzufolge, deshalb, deswegen, hierdurch, hiermit, insofern, sodass, somit, weshalb
konzessiv (einräumend)	aber, dennoch, dessen ungeachtet, doch, gleichwohl, jedoch, nichtsdestotrotz, nichtsdestoweniger, obgleich, obwohl, trotzdem, unbeschadet dessen
konditional (bedingend)	angenommen, falls, gegebenenfalls, gesetzt den Fall dass, sofern, vorausgesetzt, wenn, zumal wenn
komparativ (vergleichend)	als ob, als wenn, dementsprechend, ebenfalls, ebenso, entsprechend, gleichfalls, so, somit, wie
proportional (verhältnismäßig)	je … desto, je nachdem, je … umso
restriktiv (einschränkend)	außer, jedenfalls nur, nur dass, soweit es … betrifft, vorbehaltlich, vorerst, zwar
subtraktiv (abziehend)	ohne dass
substitutiv (austauschend)	anstatt, anstelle dessen, sondern, statt, stattdessen
temporal (zeitlich)	als, bevor, bis, danach, dann, davor, dazwischen, gleichzeitig, während, inzwischen, kaum dass, nachdem, seit, seitdem, sobald, solange, unterdessen, währenddessen, zugleich, zwischendurch

Quelle: Eigene Erstellung, in Anlehnung an INSTITUT FÜR DEUTSCHE SPRACHE (Zugriff: 09.01.2007).

Neben den zuvor präsentierten Konnektoren stellt Tabelle 28 eine weitere Hilfe dar, variantenreiche Begriffe für Aufzählungen zu finden.

Tabelle 28: Begriffe für Aufzählungen bei der wissenschaftlichen Textproduktion

Begriffsbeispiele für Aufzählungen		
• als weitere • anfügen • anschließend • ansonsten • auch • auch noch • ausweiten • außerdem • beifügen • daneben • darüber hinaus • dazu • dazu kommt	• des Weiteren • ergänzend • erweitern • ferner • hinzufügen • hinzukommt • im Folgenden • im Gefolge • im weiteren Umkreis • im weiteren Betrachtungsfeld • im Übrigen	• im Weiteren • komplettieren • nachtragen • neben • noch • noch mehr • schließlich • sonst noch • überdies • vervollständigen • weiterhin • zudem • zusätzlich

Quelle: Eigene Erstellung.

6.3.2 Passiv und Aktiv

In Stilratgebern zum guten Schreiben wird häufig die Verwendung des Aktivs statt des Passivs empfohlen. In wissenschaftlichen Texten steht oft nicht der Akteur einer Handlung, sondern das Ergebnis im Vordergrund; daher findet dort vielfach das Passiv Anwendung.
Beim Einsatz des Aktivs bzw. Passivs geht es um das Verhältnis zwischen Verb, Subjekt und Objekt, wie folgendes Beispiel verdeutlicht:

Beispiel für Aktiv: Die Professorin unterrichtet die Studierenden.
Das Verb „unterrichten" ist verbunden mit einer Unterrichtsperson (der Professorin), die das Subjekt darstellt. Die Unterrichteten stellen das Objekt dar (die Studierenden).

Beispiel für Passiv: Die Studierenden werden unterrichtet.
Beim Passiv ist nicht mehr die Handelnde das grammatische Subjekt, sondern die Studierenden (ehemals Objekt) sind zum Subjekt geworden. Die handelnde Person ist nicht mehr erkennbar. Inhaltlich rückt nun das Objekt stärker in den Vordergrund.

Der Gebrauch des Passivs macht aber nur hier Sinn, wo ein Ergebnis oder ein Vorgang im Vordergrund steht und dem Subjekt eine geringere Relevanz beigemessen wird.

6.3.3 Nominal- und Verbalstil

Leider ist in wissenschaftlichen Fließtexten der Nominalstil stark verbreitet, denn er wirkt oft statisch, „hölzern" und wenig anschaulich. Tätigkeiten werden bei dieser Schreibart durch Nomen ausgedrückt – daher der Begriff Nominalstil.
Zeichen dafür sind die Substantiv-Endungen *„-ung", „-heit"* und *„-keit".* Vielfach ist es schwierig, das handelnde Subjekt zu identifizieren.
Der Nominalstil scheint auf den ersten Blick abstrakter, komprimierter und objektiver zu wirken, liest sich allerdings oft schwerfälliger. Testen Sie es selbst, indem Sie Ihre Texte einmal laut lesen. Gute Texte sollten sich flüssig lesen lassen!

Beispiele für Nominalstil:

- Substantivierungen
  (Die Verdopplung des Umsatzes, statt: Der Umsatz verdoppelte sich.)
- komplexe Verbgefüge
  (Auftrag erteilen, ggf. flüssiger zu lesen: beauftragen)

Nominalstil *kann* jedoch *gezielt* eingesetzt werden, wo verkürzte Darstellungen gefordert sind. Er eignet sich dort, wo viel Information mit wenigen Worten übersichtlich vermittelt werden soll, z.B. bei Überschriften, Aufzählungen, Handlungsanweisungen, technischen Handbüchern, Tabellen und Rechtsnormen.

Beispiel zur Vereinfachung von Sätzen:
Ausgangssatz:
Priorität sollten die Gewährleistung und Verbesserung der Ausübung von Grundrechten haben.

Vereinfachung:
Insbesondere die Grundrechte sollten ausgeübt werden können.

Bei Texten, die sehr starr wirken oder in denen eine Sache unkonkret bleibt, empfiehlt es sich, Nominalkonstruktionen zu überprüfen. Sie sollten durch Verben, Adjektive, Subjekte und Nebensätze aufgelockert werden.

6.3.4 Haupt- und Nebensatz

Entsprechend der sprachlichen Bedeutung von Haupt- und Nebensatz sollten inhaltlich die wichtigsten Informationen im Hauptsatz und untergeordnete Aussagen im Nebensatz stehen. So wird vermieden, dass zentrale Informationen unbeabsichtigt in Nebensätzen verloren gehen.

Beispiel:
Bei diesem Unternehmensbeispiel liegt der Spezialfall vor, dass die Einführung eines Multiprojektmanagements zunächst nur im Konzernressort „Finanzen“ erfolgen soll.

Analysieren Sie den Satz und fragen Sie zunächst nach der Kernaussage. Diese ist die Einführung eines Multiprojektmanagements für das Konzernressort „Finanzen“. Demnach könnte die neue Formulierung entsprechend der Relevanz der Aussagen wie folgt lauten:

Das Multiprojektmanagement soll zunächst nur im Konzernressort „Finanzen“ eingeführt werden, wie dieses spezielle Unternehmensbeispiel verdeutlicht.

Kurze Sätze erleichtern dem Leser die Aufnahme von Informationen. Stolpersteine in Texten und zu lange Sätze können leicht durch lautes Lesen des eigenen Textes identifiziert werden. Durch Beherzigung nachfolgender Punkte kann die Aufmerksamkeit des Lesers auf die Kerninhalte gestärkt werden:

Schreibtechnik A: Das Wichtigste steht im Hauptsatz. Zwei Hauptsätze können zum Teil auch durch Komma, Semikolon oder Doppelpunkt verbunden werden.

Schreibtechnik B: Verwendung eines Adverbs zur Einleitung: Statt „Es wird deutlich, dass ...“ kann formuliert werden „Deutlich wird ...“ und statt „Wir können davon ausgehen, dass ...“ sagen Sie „Ausgehend von ...“.

6.4 Argumentieren und Argumentationsketten

Argumentationstechniken sind beim wissenschaftlichen Schreiben so wichtig wie das Amen in der Kirche; denn Thesen bzw. Hypothesen wollen begründet, bestätigt oder widerlegt sein. Mit Hilfe von Argumenten werden Thesen gefestigt oder gelockert.

Die Basis einer gelungenen Argumentation bilden vor allem Daten und Fakten, welche beispielsweise durch empirische Untersuchungen gewonnen wurden. In einigen Fällen stellen auch Lehrsätze und Meinungen von wissenschaftlich anerkannten Autoritäten sowie Traditionen und Erfahrungen wichtige Aspekte für eine Argumentation dar.
Aufgabe der Argumentationsführung ist es, die Aussagen so anzuordnen und zu formulieren, dass sie nicht nur als behauptet, sondern als bewiesen bzw. wahrscheinlich gelten können. Dafür ist immer eine logische Begründung anzuführen, warum etwas so oder so ist! Meinungen/ Argumente können dazu in der jeweiligen Wissenschaftsdomäne vorgestellt werden (z.B. Pro-/ Kontra-Positionen zu einem Sachverhalt), um im Anschluss als Autor – gut begründet – selbst Position zu beziehen. Methodisch kann dies mit einer *Argumentationskette* erfolgen, wie Tabelle 29 im Folgenden zeigt.

Tabelle 29: Aufbau einer Argumentationskette zur Begründung eines Sachverhalts

1. Ausformulierung der Problematik
2. Präsentation verschiedener Standpunkte
3. Bewertung der Standpunkte
4. Eigene Position als Schreiber finden Wie kann ich eine eigene Position finden? Beispiele: *A Entscheidung für eine der vorgestellten Positionen* Pro-Argumente für den eigenen Standpunkt in folgender Reihenfolge aufführen: a) zweitwichtigstes Argument b) weitere Vorteilsargumente c) Hauptargument Kritik am eigenen Standpunkt nehmen, indem Kontra-Positionen angesprochen werden, um Gegenargumente vorwegzunehmen; dann die eigene Position überzeugend argumentativ unterlegt bekräftigen. *B Entwicklung von Lösungsmöglichkeiten in Form einer Synthese der Gegenargumente* *C Vertretung eines anderen, eigenen Standpunkts und Distanzierung von den präsentierten Sichtweisen*
5. Den Leser zum Finden einer eigenen Haltung anregen Abschließend kann der Text nach Ausformulierung der Problematik, Vorstellung und Bewertung der Standpunkte zusätzlich mit einer offenen Frage beendet werden, die den Leser dazu aktiviert, selbst zu reflektieren.

Quelle: Eigene Erstellung.

Zu den *sechs wesentlichen Kernbereichen* wissenschaftlicher Arbeiten und Bestandteilen der Argumentation gehören: (1.) Abgrenzung des Themas, (2.) Fragestellung, (3.) Zielsetzung und Nutzen der Arbeit, (4.) Gliederung, (5.) Fakten sowie (6.) das aufeinander Abstimmen von Einleitung und Schluss (vgl. Abbildung 14), die auch die Dreh- und Angelpunkte des Exposés darstellen.

Abbildung 14: Die sechs Kernbereiche wissenschaftlicher Arbeiten und Bestandteile der Argumentation

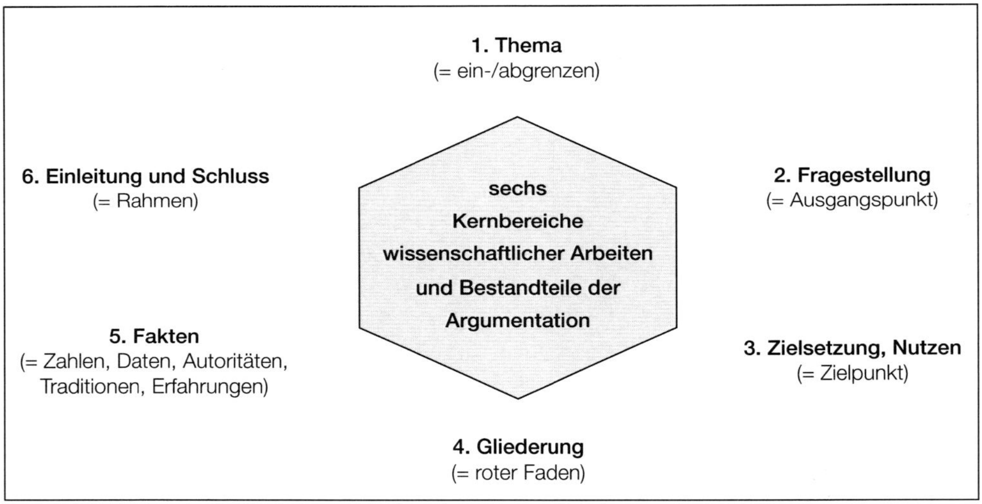

Quelle: Eigene Erstellung.

6.5 Zwischenfazit: Optimierung der sprachlichen Qualität

1. Definieren Sie entsprechende Fachwörter und überprüfen Sie Ihre Arbeit auf Schlüsselbegriffe!
2. Verwenden Sie Fachtermini eindeutig und stringent innerhalb der Untersuchung!
3. Optimieren Sie Ihre Arbeit sprachlich hinsichtlich Präzision und Ökonomie!
4. Verwenden Sie Synonyme, um Wortwiederholungen zu vermeiden!
5. Bauen Sie eine Argumentationskette zur Begründung eines Sachverhalts auf!
6. Entwickeln Sie eigene Texte und finden Sie Ihren Standpunkt, indem Sie Informationen aus Texten anderer Autoren neu darstellen und interpretieren!
7. Überarbeiten Sie Ihre Arbeit in einzelnen Korrekturschleifen und verbessern Sie diese kontinuierlich!
8. Berücksichtigen Sie das mehrmalige Durcharbeiten der Arbeit in Ihrer Zeitplanung!

Raum für eigene Notizen:

7 Visualisierungen

„Ein Bild sagt mehr als tausend Worte"
(chinesisches Sprichwort).

In diesem Kapitel schauen wir uns Möglichkeiten an, Visualisierungen in wissenschaftlichen Arbeiten sinnvoll und gezielt einzusetzen.
Komplizierte Sachverhalte können oft mit einem Bild, einer Zeichnung, einem Plan, einer Tabelle oder einer graphischen Darstellung einfach und übersichtlich erklärt werden. Eine Illustration bringt Dinge meist besser auf den Punkt und prägt sich daher bei vielen Menschen eher im Gedächtnis ein als ein umfangreicher Text.
Das gilt besonders, weil beispielsweise durch eine Abbildung neben der linken auch die rechte Gehirnhälfte angesprochen wird. Während die linke Gehirnhälfte für das lineare Denken verantwortlich ist, um Gefühle in Gedanken und Gedanken in Sätze umzuwandeln, die Welt in überschaubare Einheiten zu gliedern sowie Ursache und Wirkung zu analysieren, arbeitet die rechte Gehirnhälfte bildhaft und verbindet die inneren Landkarten zu einem ganzheitlichen Gefüge.
Kurz gesagt: Beide Gehirnhälften lernen bei engem Zusammenarbeiten intensiver und fortdauernder. Autoren können sich dieses Phänomen zu Nutze machen, um bedeutende Aspekte der Argumentation im Gedächtnis des Lesers zu verankern. Des Weiteren kann der durchdachte Einsatz von Visualisierungen unterstützen, *Argumente verständlicher zu machen und zu bekräftigen.* Sie können *Kerninhalte besonders eindrucksvoll unterstreichen, Texte verkürzen, die ganze Arbeit auflockern* und *interessanter* machen.

Doch Achtung: Zu viele Abbildungen können den Betrachter überladen und den Wert von Aussagen verringern. Sie sollten eher gezielt eingesetzt werden – *so häufig wie nötig, aber so wenig wie möglich.* Bei der Erstellung von Visualisierungen gilt es einige formale Kriterien einzuhalten, auf die im Folgenden näher eingegangen wird.

7.1 Äußere Form

Darstellungen können je nach Fachdisziplin sehr unterschiedlich sein und eine entsprechende kommunikative Wirkung entfalten:

- mathematisch-naturwissenschaftlich (z.B. Zahlenmaterial, Statistiken)
- wirtschaftlich (z.B. Entwicklungskurven, Umsatzzahlen)
- künstlerisch (z.B. Malerei, Architektur, Zeichnung)
- geographisch (z.B. Landkarten)

Der Inhalt bestimmt die Form der Darstellung und vice versa. Daher sollte nicht beliebig zur nächst besten Visualisierung gegriffen, sondern sich bewusst gemacht werden: Was möchte ich der Leserschaft als Autor mit auf den Weg geben? Welche Darstellungsform eignet sich dazu am besten, Ergebnisse (unter Berücksichtigung von Fragestellung und Zielsetzung der Arbeit) zu unterstreichen?

Da Visualisierungen ähnlich wie „Werbeplakate" für die eigene Arbeit wirken, sollte ihr Inhalt rasch erfasst werden können. Die beste Abbildung verfehlt ihren Zweck, wenn der Leser lange suchen muss, um Schlüsselbotschaften zu erkennen. Leider kommt es in der Praxis häufig vor, dass Legenden bzw. Erläuterungen fehlen, Schriften zu klein und daher schlecht zu lesen sind, Zahlen nicht in Rangordnungen gebracht werden oder Bilder unscharf sind. Besser ist es, Darstellungen übersichtlich zu gestalten, die Datenmenge zu begrenzen und eine einfache und klare Beschriftung zu verwenden!

Meist gibt es im Fachbereich der Hochschule bzw. in der Abteilung der Organisation generelle Informationen zur Erstellung schriftlicher Arbeiten und deren Layout. Hier können bereits hilfreiche Hinweise zu finden sein. Vielfach haben Sie auch Freiheit bei der individuellen Gestaltung von Texten. Wichtig ist jedoch, einmal benutzte Formatschemata – ähnlich wie bei Schriftart und -größe – einheitlich innerhalb der gesamten Arbeit zu verwenden, damit die Arbeit in einem strukturierten Gesamtbild erscheint.

7.2 Schriftarten und -größen

Arial, Helvetica und *Times New Roman* sind bewährte Schriften für wissenschaftliche Arbeiten, weil es sich dabei um klassische Proportionalschriften handelt, die sich in der Regel besser als nichtproportionale Schriften (Schreibmaschinenschriften) lesen lassen.

Viele Hochschulen empfehlen eine Schriftgröße von 11 oder 12 (bei einem Zeilenabstand von 1,3-1,5) für den eigentlichen Text. Überschriften von Hauptkapiteln können in derselben, in der nächst größeren oder übernächst größeren Schrift, d.h. 11, 12, 13 oder 14 Punkt, gestaltet werden.

Das ist Times New Roman in 14 Punkt geschrieben.
Das ist Times New Roman in 13 Punkt geschrieben.
Das ist Times New Roman in 12 Punkt geschrieben.
Das ist Times New Roman in 11 Punkt geschrieben.
Das ist Times New Roman in 10 Punkt geschrieben.

Das ist Arial in 14 Punkt geschrieben.
Das ist Arial in 13 Punkt geschrieben.
Das ist Arial in 12 Punkt geschrieben.
Das ist Arial in 11 Punkt geschrieben.
Das ist Arial in 10 Punkt geschrieben.

Sinnvoll ist es, für die Beschriftung von Visualisierungen die jeweils verwendete Textschrift einzusetzen, da sich das Auge des Lesers bereits an diese Schrift gewöhnt hat und zu viele verschiedene Schriften chaotisch wirken können. Dabei bietet es sich an, die **Überschrift der Darstellung in Fettdruck** zu setzen und die Quelle in der regulären Form zu lassen. Gängige Größen für die Beschriftung von Visualisierungen sind 10er-, 11er- oder 12er-Schriftgrößen, wobei diese in gleicher oder kleinerer Größe wie die der Textschrift erfolgen sollte.

7.3 Überschriften

Darstellungen benötigen eine Überschrift und Quellenangabe, damit der Leser gleich auf Anhieb weiß, worum es geht (Sinnzusammenhang) und woher die Informationen stammen (Datenherkunft). Zwei gängige Varianten sind die Platzierung der Überschrift ober- oder unterhalb der Darstellung (vgl. Abbildung 15 und 16); wobei die meist schnellere Informationsauffassung mit der ersten Variante gewährleistet ist, weil im europäischen Kulturkreis das Auge des Lesers von links nach rechts und von oben nach unten wandert.

Abbildung 15: Gestaltungsbeispiel mit oben angeordneter Überschrift

Quelle: Eigene Erstellung.

Abbildung 16: Gestaltungsbeispiel mit unten angeordneter Überschrift

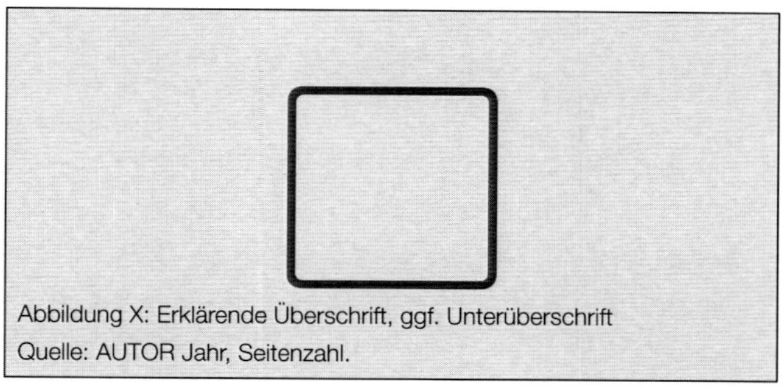

Quelle: Eigene Erstellung.

7.4 Kopf- und Fußzeilen

Kopf- und Fußzeilen verleihen Wissenschaftstexten zum einen ein professionelles Erscheinungsbild und haben zum anderen weitere nicht zu vernachlässigende Funktionen: In der *Kopfzeile* steht – zur Orientierung des Lesers – die Überschrift des aktuellen Hauptkapitels und gegebenenfalls die Seitenzahl, die alternativ in der Fußzeile Platz finden kann.
Die *Fußzeile* hingegen befindet sich am unteren Ende einer Textseite und enthält meist einen wiederkehrenden Text (z.B. Copyright bei Internetseiten bzw. Seitenzahlen). Unmittelbar über den Fußzeilen sind *Fußnoten* platziert. Alle Zusatzinformationen, deren direkte Erwähnung im Text den Lesefluss stören würde, werden in der Fußnote festgehalten: Dies können die zitierte Literatur sowie Hinweise auf andere Teile der Arbeit und weiterführende Literatur sein.

Der Umfang der Fußnoten hängt davon ab, ob man die angloamerikanische Zitierweise (AUTOR Jahr, Seitenzahl direkt im Text) verwendet oder die deutsche Zitierweise (in Form von Fußnoten) wählt. Als Orientierung helfen an der Hochschule die Empfehlungen des jeweiligen Fachs bzw. im Beruf die Anforderungen der jeweiligen Organisation bzw. des Verlags. Weniger üblich ist ein dominierender Anteil von Fußnoten in der Arbeit; der Leser könnte sonst den eigentlichen roten Faden der Arbeit aus den Augen verlieren und den Eindruck gewinnen, der Text bestünde nur aus Zusatzinformationen.

Die optimale Schriftgröße der Texte in Kopf- und Fußzeilen sowie Fußnoten ist eine um etwa zwei Punkt kleinere Schrift: Ist der Text in Schriftgröße 12 geschrieben, folgen die eben besprochenen Angaben in Schriftgröße 10. Auch hier ist auf eine einheitliche Textschrift zu achten – wenn beispielsweise der Haupttext in „Arial" gesetzt wird, werden auch die Fußnoten in dieser Schriftart erstellt.

7.5 Farben

Bei der Verwendung von Farben empfiehlt sich tendenziell ein sparsamer Einsatz. Neben *Schwarz* wird dunkleren Farbtönen, z.B. *Rot, Grün* und *Blau* mit die beste Lesbarkeit attestiert. Eine einheitliche Verwendung der Farben gibt dem Leser Orientierung, z.B. Grün für die Anzeige positiver Tendenzen und Rot für die Markierung von Ereignissen mit Gefahrenpotential, wie nachfolgende Tabelle zeigt.

Tabelle 30: Wirkung und Symbolik von Farben

Farbe	Wirkung	Symbol-Beispiele
Rot	Signalwirkung, bekräftigend, aktivierend	Wichtigkeit, Aufmerksamkeit, Handeln, Gefahr, Betonung
Blau	ruhig, seriös, kühl	Konzentration, Distanz, Zahlen, Daten, Fakten, Sachliches
Gelb	warm, leicht	Sonne, Energie, Klarheit
Orange	kreativ, inspirierend	Kreativität, Lebensfreude, Kommunikation
Braun	bodenständig, erdend	Erde
Grün	ausgleichend, natürlich, frisch	Natur, Wachstum, Harmonie, Gleichgewicht

Quelle: Eigene Erstellung.

Die *Hintergrundfarbe* sollte so gewählt werden, dass der eigentliche Inhalt der Abbildung die meiste Aufmerksamkeit erlangt. Vielfach eignet sich die Farbe *Weiß* aus Gründen der Optik und Lesbarkeit gut dafür. Bei sehr hellen Farben kann jedoch ein dunkler Hintergrund für die Lesbarkeit von Vorteil sein.

7.6 Zwischenfazit: Hervorhebung zentraler Ergebnisse

1. Setzen Sie Tabellen, Abbildungen, geographische Karten, Fotos etc. gezielt ein, um Informationen schneller zu kommunizieren und Texte aufzulockern!
2. Unterstützen Sie die eigene Argumentation und Gedankenführung durch Illustrationen!
3. Verbessern Sie die Kommunikation und interdisziplinäre Zusammenarbeit zwischen unterschiedlichen wissenschaftlichen Domänen und Organisationseinheiten in der Wirtschaft durch hilfreiche Visualisierungen!

Raum für eigene Notizen:

8 Zitieren in wissenschaftlichen Texten und Strategien der Literatursuche

Eigene Ideen, Interpretationen, visuelle Darstellungen und Handlungsempfehlungen können sich sowohl an der Hochschule positiv in der Note widerspiegeln als auch im Beruf als Bereicherung wahrgenommen werden. Häufig werden eigene Gedanken allerdings unzureichend von fremden abgehoben und umgekehrt. Eine sorgfältige Kennzeichnung wörtlich oder sinngemäß übernommener Textinhalte anderer Autoren ist jedoch ganz wichtig, um geistiges Eigentum dem jeweiligen Urheber zuzuordnen und Plagiate zu vermeiden. Durch genaues Zitieren kann der Leser den Denkprozess und die Argumentation des Verfassers besser nachvollziehen.

Zitate sichern die Überprüfbarkeit und Nachvollziehbarkeit von Informationen, Daten sowie Fakten und geben Auskunft zu den Fragen: Woher stammen diese? Wer spricht eigentlich gerade – fremde Autoren oder der Verfasser selbst?

Werden Textstellen von anderen Schreibern in der eigenen wissenschaftlichen Arbeit verwendet und nicht mit Quellenangaben belegt so handelt es sich um einen Verstoß gegen die Regeln in Wissenschaft, Studien-/Prüfungsordnung und der eidesstattlichen Erklärung, die am Ende jeder Arbeit steht. Nicht immer wird bewusst getäuscht; ein häufiges Problem beim Schreiben ist fehlendes Zeitmanagement. Wenn wissenschaftliche Arbeiten unter hohem Zeitdruck geschrieben werden, kann es vorkommen, dass Quellenangaben vergessen, vertauscht oder unzureichend notiert werden. Um einem Zeitmangel und ggf. einem Durchfallen durch die Prüfung entgegenzuwirken, ist eine sorgfältige Planung der einzelnen Arbeitsschritte sowie Vorgehensweise beim Ordnen und Zitieren der Literatur unabkömmlich.

Die vorgestellte Zitierweise ist ein gängiges System, aber nicht das einzig mögliche. Um die Kommunikation zwischen einzelnen Wissenschaftsdisziplinen und den Zugang zu Quellen zu optimieren, wurde 1984 vom Deutschen Institut für Normung e.V. der Versuch unternommen, Zitierregeln einheitlich zu gestalten. Diese wurden in der Norm DIN 1505-2 veröffentlicht. Auf internationaler Ebene strebt die IFLA (International Federation of Library Associations and Institutions) mit der ISBD (International Standard Bibliographic Description) als Regelwerk, eine standardisierte Vorgehensweise für den weltweiten Datenaustausch an.

In der Praxis konnte eine einheitliche Methode bisher noch nicht umgesetzt werden, denn vielfach herrschen an jedem Institut, Lehrstuhl und Fachbereich sowie auch im Beruf (z.B. bei Behörden, Unternehmen, Verbänden) unterschiedliche Zitiersitten, die in jedem Fall geklärt und durchgängig eingehalten werden sollten.

8.1 Zitierweisen im Text

1. Sinngemäße Wiedergaben

Während des Studiums besteht oft ein Großteil des Schreibens von Haus- und Seminararbeiten darin, fremde Texte in eigenen Worten wiederzugeben. Dabei werden essenzielle Gedanken aus bestehenden Texten zusammengefasst. Diese sinngemäßen Paraphrasen können wie folgt aussehen:

✍ **Beispiele: Sinngemäße Wiedergaben zitieren**
AUTOR1/AUTOR2/AUTOR3 (2012, S. 12) vertreten die Position, dass ... Diesen Aspekt verdeutlicht AUTOR (2010, S. 55). Seine Gedanken lassen sich wie folgt zusammenfassen: ...

Bei den vorher genannten Beispielen wird die amerikanische Zitierweise (Harvard-System) verwendet. Hier werden Autor, Jahr und Seitenzahl in der Kurzform direkt im Text angegeben, während bei der deutschen Zitierweise die vollständige bibliographische Angabe oder die Kurzform in der entsprechenden Fußnote erscheint. Bei beiden Varianten wird die umfassende Quelle im Literaturverzeichnis am Ende der Arbeit aufgelistet. Wenn man Autoren zitiert und sich von deren Meinung distanzieren möchte, empfiehlt es sich, den *Konjunktiv* zu verwenden.

✍ **Beispiele: Distanzierte Position einnehmen**
Nach Meinung von AUTOR (2009, S. 3) *sei* ... AUTOR (2010, S. 45) zufolge *könne* ...

Der Übergang zum Indikativ (Wirklichkeitsform) zeigt, dass jetzt wieder der Verfasser spricht.

2. Eigene Positionen

Dominierten vor Jahren noch unpersönlichere Formulierungen wie „man" oder „wir" in wissenschaftlichen Texten, so sind heute zunehmend „Ich-Formulierungen" zu finden. Texte wirken dadurch persönlicher und unmittelbarer; schließlich brauchen Autoren sich nicht hinter ihrer Meinung zu verstecken. Je nach Intention sind folgende Fassungen denkbar:

✍ Beispiele: Sprachliche Varianten zur Formulierung der eigenen Position
1. Sprachlich tritt der Autor in den Hintergrund „Ausgehend von ...“ „Es ist ersichtlich ...“ „Diese Ausführungen zeigen ...“
2. Sprachlich tritt der Autor in Erscheinung „Ich bin der Auffassung, dass ...“ „Meiner Meinung nach ...“
3. Sprachliche Zwischenvariante „Nach Meinung des Verfassers/der Verfasserin ...“ „Nach Ansicht des Autors/der Autorin dieser Arbeit ...“

3. Zitate über mehrere Seiten und gleiche aufeinanderfolgende Quellen

Bei längeren Zitaten, die über eine oder mehrere Seiten reichen, muss kenntlich gemacht werden, auf welche Seiten sich die übernommene Stelle genau bezieht: Die *erste Variante* ist, mit f. (= folgende Seite) und ff. (= folgende Seiten) zu kennzeichnen, dass sich der zitierte Text auch auf die nachfolgende/n Seite/n bezieht. Eine *zweite Möglichkeit* stellt die Angabe der Seitenzahl von ... bis ... dar.

✍ Beispiele: Zitate über mehrere Seiten
Beispiel 1: Das Zitat erstreckt sich über zwei Seiten „Dies zeigt, dass das Erlebnismarketing einen besonderen Stellenwert einnimmt, verdeutlicht jedoch gleichzeitig die Problematik der Schaffung immer neuer Erlebnisse“ (THOMAS 2005, S. 116f.).
Beispiel 2: Das Zitat erstreckt sich über drei Seiten AUTOR (2012, S. 10ff.) weist in ihrer Untersuchung auf die zentrale Bedeutung einer guten Kommunikation zwischen Führungskräften und Mitarbeitern hin. Diese ist eine Schlüsselkompetenz, die zu einem guten Betriebsklima, einer offenen Lernkultur und einem geringen Krankenstand in Unternehmen beiträgt.
Beispiel 3: Das Zitat erstreckt sich über mehr als drei Seiten Dieser Sachverhalt wird anhand des Modells zur Biodiversität deutlich (AUTOR 2009, S. 20-25).

Folgt die gleiche Quelle unmittelbar auf die vorausgehende im Text, dann wird üblicherweise mit der dt. Kurzform *ebenda* oder der abgekürzten Variante *ebd.* zitiert. Dies dient dazu, dass sich exakt gleiche und direkt aufeinanderfolgende Quellenangaben nicht unnötig wiederholen.

✍ **Beispiel: Gleiche vorherige Quelle zitieren**
(ebenda) oder (ebd.)

Diese Zitierweise wird aber überwiegend in Ausnahmefällen angewendet, wenn keine alternative Quelle auffindbar ist. Ziel wissenschaftlichen Arbeitens ist es u.a., ein ausgewogenes Verhältnis unterschiedlicher Quellen zu präsentieren, um so differenzierte und kritische Aspekte des Themas – mit Beiträgen unterschiedlicher Autoren – einfließen zu lassen.

4. Wortwörtliche Passagen

Wortwörtliche Zitate können beispielsweise zur Auflockerung, Einleitung, an passender Stelle innerhalb von Kapiteln oder am Ende, wenn ein Sachverhalt zusammenfassend auf den Punkt gebracht werden soll, eingesetzt werden. Sie sollten in einem *angemessenen Verhältnis* vorkommen und den eigenen Text keinesfalls dominieren. Eine gute Faustregel bietet folgende Überlegung: Ein direktes Zitat wird nur dann verwendet, wenn sich die Inhalte in eigenen Worten nicht besser ausdrücken lassen. Es kann jedoch Sinn machen oder zwingend notwendig sein, den genauen Wortlaut anzugeben, z.B. bei Textvergleichen im Fach Linguistik, Begriffsdefinitionen oder juristischen Formulierungen.

✍ **Beispiel: Direkte Zitate**
Zitiermuster: „Zitat Zitat Zitat Zitat Zitat“ (AUTOR Jahr, Seitenzahl).
Beispiel: „Eating habits of Europeans differ from other nationalities“ (AUTOR 2010, S. 77).

5. Auslassungen, Ergänzungen und Hervorhebungen in direkten Zitaten

Werden Wörter oder Satzteile in direkten Zitaten *ausgelassen, ergänzt* oder *hervorgehoben,* müssen diese als solche kenntlich gemacht werden.

a) Auslassungen

Eine Auslassung wird in der Regel mit drei Auslassungspunkten einheitlich innerhalb einer runden *oder* eckigen Klammer gekennzeichnet.

✍ Beispiele: Auslassungen kennzeichnen
Beispiel 1: Runde Klammer „Zitat Zitat Zitat Zitat (...) Zitat" (AUTOR Jahr, Seitenzahl).
Beispiel 2: Eckige Klammer „Zitat Zitat Zitat Zitat [...] Zitat" (AUTOR Jahr, Seitenzahl).

b) Ergänzungen

Direkte Zitate können auch um Wörter oder Wortgruppen erweitert werden, wenn entsprechende Erklärungen das Zitierte näher erläutern.
Die Erweiterung steht dabei in Klammern und wird durch die *Initialen des Schreibers,* der die Ergänzungen hinzufügt, gekennzeichnet, wie das nachfolgende Beispiel zeigt.

✍ Beispiel: Textergänzung
„Vor diesem Hintergrund trägt vor allem eine gute Kommunikation zwischen Führungskräften und Mitarbeitern [unterstützt beispielsweise durch aufmerksame Vorgesetzte, U.T.-J.] zu einem positiven Betriebsklima bei" (AUTOR 2012, S. 10).

c) Hervorhebungen

Hervorhebungen können bereits im Original oder vom jeweils aktuellen Verfasser gemacht worden sein.

✍ Beispiel 1: Hervorhebung im Original
„Vor diesem Hintergrund trägt vor allem eine gute Kommunikation zwischen Führungskräften und Mitarbeitern zu einem *positiven* [Hervorhebung im Original] Betriebsklima bei" (AUTOR 2012, S. 10).

So wie oben müsste der Text gekennzeichnet werden, wenn die kursive Hervorhebung im Originaltext wäre.

✍ **Beispiel 2: Hervorhebung von mir als Autor**
„Vor diesem Hintergrund trägt vor allem eine gute Kommunikation zwischen Führungskräften und Mitarbeitern zu einem *positiven* [Hervorhebung: U.T.-J.] Betriebsklima bei“ (AUTOR 2012, S. 10).

Wenn ich selbst als Autor eine kursive Hervorhebung des Textes vornehme, dann wird dies, wie eben gezeigt, mit dem Zusatz der Initialen in der eckigen Klammer erklärt.

6. Anführungszeichen innerhalb von Zitaten sowie primäre und sekundäre Quelle

Angenommen Sie möchten als Autor einen Satz, in dem ein Wort oder eine Wortgruppe in Anführungszeichen steht, als direktes Zitat übernehmen, dann wird das Angeführte dort in *halbe Anführungszeichen* gesetzt (siehe unten).

Die zeitlich ältere Quelle wird mit zitiert, wenn z.B. auf eine *markante Bezeichnung,* einen *besonderen Erfolg* oder ein *wichtiges Ereignis* (meist stehen diese Punkte in Anführungszeichen) aufmerksam gemacht werden soll. Dabei steht die jüngere Quelle nach der älteren Quelle, wie nachfolgendes Beispiel zeigt. Im Literaturverzeichnis am Ende der Arbeit werden beide Quellen genannt.

✍ **Beispiel: Anführungen innerhalb von Zitaten mit primärer und sekundärer Quelle**
Beispiel: Originaltext aus THOMAS (2005, S. 86): Das so genannte „asiatische Wirtschaftswunder“ trug in der entwicklungspolitischen Diskussion dazu bei, Südostasien als eigenständige wirtschaftspolitische Einheit zu definieren und das Selbstbewusstsein der Region zu stärken, was durch die Gründung von Institutionen, wie der ASEAN, verstärkt wurde (vgl. DAHM/PTAK 1999, S. 13).
Angenommen Sie möchten diesen Satz als wortwörtliches Zitat übernehmen und auch die primäre Quelle mit zitieren, dann kann dies so aussehen: „Das so genannte ‚asiatische Wirtschaftswunder‘ trug in der entwicklungspolitischen Diskussion dazu bei, Südostasien als eigenständige wirtschaftspolitische Einheit zu definieren und das Selbstbewusstsein der Region zu stärken, was durch die Gründung von Institutionen, wie der ASEAN, verstärkt wurde“ (DAHM/PTAK 1999, in: THOMAS 2005, S. 86).

Das Zitieren von älteren Quellen sollte eine Ausnahme bleiben und nur dann erfolgen, wenn es entsprechend der oben genannten Kriterien von besonderer Bedeutung erscheint. Ansonsten leidet die Aktualität und Text sowie Literaturverzeichnis blähen sich unnötig auf.

7. Fehler im Original

Sprachliche Fehler im Original (z.B. Grammatik, Rechtschreibung, Zeichensetzung) werden genauso übernommen und durch [sic!] = lat. so! direkt hinter dem Fehler gekennzeichnet.

✍ **Beispiel: Fehler im direkten Zitat**
„Die Anzahl der Gästeankünfte an der Mosel ist seid [sic!] Jahren steigend" (AUTOR Jahr, Seitenzahl).

Es stellt sich ggf. die Frage, ob fehlerhafte Zitate überhaupt übernommen werden. In dem Fall sollte geprüft werden, wie wichtig letztlich die fehlerhafte Quelle ist, um die Argumentationsführung des eigenen Textes zu stützen. Alternativ kann nach weiteren geeigneten Quellen recherchiert werden.

8. Fußnoten

Wissenschaftliche Schreiber berichten immer wieder, dass sie zu weit vom eigentlichen Thema der Arbeit abweichen und der rote Faden verloren zu gehen droht, weil z.B. die Zusatzinformation interessant erscheint, jedoch über den abgesteckten Rahmen und die Zielsetzung der Arbeit hinausgeht. Um dem entgegen zu wirken, können untergeordnete Informationen, die zwar das Thema betreffen, aber zu weit vom Kern wegführen, in Anmerkungen untergebracht werden. Fußnoten eignen sich daher besonders, um von der inhaltlichen Rangordnung nachgeordnete Informationen (wie nähere Erklärungen, Verweise, Zitate und Quellenangaben) zu platzieren. Wesentliche Informationen haben in Fußnoten nichts zu suchen; sie hingegen gehören in den Haupttext.

✍ **Beispiele: Typische Anmerkungen in Fußnoten**
[1] AUTOR (2009, S. 15). [2] Vgl. dazu auch die Untersuchungen von AUTOR (2010, S. 44). [3] Das vorher genannte Beispiel bezieht sich insbesondere auf das Modell des Marketing-Mix (AUTOR 2008, S. 198).

Platzierung von Fußnotenzeichen

Bezieht sich die Fußnote nur auf ein Wort oder eine Wortgruppe, so steht die hochgestellte Ziffer direkt hinter dem Bezugswort. Wenn sich die Fußnote auf einen kompletten Satzteil bezieht, der beispielsweise durch Komma, Semikolon oder Punkt gekennzeichnet ist, steht die Ziffer nach dem letzten Satzzeichen.

✍ **Beispiel 1: Fußnotenzeichen steht nach Punkt**
Die Anzahl der Gästeankünfte lag 2010 bei 500; dies ist eine Verdopplung zum Vorjahr.[1]

Hier werden die gesamten Daten und Berechnungen aus der Quelle des zitierten Autors übernommen.

✍ **Beispiel 2: Fußnotenzeichen steht nach Semikolon**
Die Anzahl der Gästeankünfte lag 2010 bei 500;[1] dies ist eine Verdopplung zum Vorjahr.

Im zweiten Beispiel wird nur die Information, dass die Anzahl der Gästeankünfte im Jahr 2010 bei 500 lag, zitiert. Der Vergleich und die Berechnung zum Vorjahr muss dementsprechend vom aktuellen Schreiber gemacht worden sein und nicht vom zitierten Autor.

9. Mehrere Autoren und Publikationen des gleichen Autors

In vielen Fällen kommt es vor, dass mehrere Autoren einen Text geschrieben haben. In der Regel werden die Nachnamen bei bis zu drei Autoren in der Reihenfolge angeordnet und ausgeschrieben wie sie auch in der Publikation genannt werden und darüberhinausgehende Gemeinschaftsproduktionen nach dem ersten Autor mit et al. (lat.) oder u.a. (dt.) abgekürzt. Manche Fachzeitschriften kürzen mehrere Autoren auch schon nach dem ersten Autor ab.

✍ **Beispiele: Mehrere Autoren zitieren**
Beispiel 1: Bis zu drei Autoren können ausgeschrieben werden Auf dieses Modell wird besonders von AUTOR1/AUTOR2/AUTOR3 (2010, S. 14) hingewiesen.
Beispiel 2: Mehr als drei Autoren können mit et al. oder u.a. abgekürzt werden Diesen Aspekt verdeutlichen AUTOR1 et al. (2011, S. 5) in ihrer Untersuchung ... Diesen Aspekt verdeutlichen AUTOR1 u.a. (2011, S. 5) in ihrer Untersuchung ...

Es kann auch vorkommen, dass von einem Autor bzw. Herausgeber mehrere Publikationen aus dem gleichen Jahr herangezogen werden. Dann wird in der Regel eine weitere Zuordnung mit Kleinbuchstaben (z.B. a, b, c, ...) hinter dem Erscheinungsjahr vorgenommen, wie das Zitiermuster im Folgenden zeigt.

✍ **Beispiel: Mehrere Publikationen des gleichen Autors aus dem gleichen Jahr zitieren**
Zitierweise im Text: AUTOR (2010a, S. 4). AUTOR (2010b, S. 35).
Zitiermuster im Literaturverzeichnis: AUTOR (Nach- und Vorname) (2010a): Titel. Untertitel.- (Serien-/Reihentitel, Band-Nr.), Auflage, Ort/e. AUTOR (Nach- und Vorname) (2010b): Titel. Untertitel.- (Serien-/Reihentitel, Band-Nr.), Auflage, Ort/e.

8.2 Zitierweisen im Literaturverzeichnis

A Internetquellen

Die Anzahl der zitierten Quellen aus dem Internet hat in den vergangenen Jahren stark zugenommen. Ein großer Vorteil von Online-Publikationen ist der schnelle Zugriff auf aktuelle Informationen. Wartezeiten in Bibliotheken, die durch Buchvorbestellungen entstehen, können bei einem elektronischen Zugriff auf Dokumente vermieden werden, was eine nicht unerhebliche Zeitersparnis darstellt.

Durch die steigende Anzahl an Online-Publikationen wird es zu einer immer größeren Herausforderung, die für das eigene Thema geeigneten Informationen und Quellen herauszufiltern. Je nach Thema sollten nicht ausschließlich Online-Quellen verwendet, sondern darauf geachtet werden, dass einschlägige Standardbücher/-lexika und Artikel aus Fachzeitschriften verwendet werden. Achten Sie auch auf mögliche prozentuale Richtwerte Ihres Fachbereichs oder Ihrer Organisation.

Umso wichtiger ist es, auf die Qualität der Quellen zu achten. Woher stammen die Daten? Ein Anhaltspunkt sollte daher zum Beispiel der beim Text angegebene Autor oder die Institution, die im Impressum der jeweiligen Webseite genannt wird, sein. Die Internetadresse (URL = Uniform Resource Locator) selbst lässt sich wie folgt aufschlüsseln: *Dienst://Rechneradresse/ Pfadbestandteile (mit Dateiformat z.B. html, htm) (Datum).*

Bei der Datumsangabe ist zu unterscheiden:

a) das Datum der Erstveröffentlichung der Quelle

b) das Datum der letzten Aktualisierung (Revisionsdatum)

c) das Datum des Zugriffs

✍ **Beispiel: Internetquelle mit Erstveröffentlichung**
http://www.bmwi.de/BMWi/Navigation/Presse/ pressemitteilungen, did=457972.html (Datum der Erstveröffentlichung: 24.11.2011).

Es kann Sinn machen, das Datum der Erstveröffentlichung *und* das Aktualisierungsdatum gleichzeitig anzugeben, wenn die Aktualität der Quelle dokumentiert werden soll.

✍ **Beispiel: Erstveröffentlichungs- und Aktualisierungsdatum**
(02.09.2011, Rev. 15.12.2011).

Wenn das Datum der Erstveröffentlichung fehlt, wird meist das Zugriffsdatum angegeben.

✍ **Beispiel: Internetquelle mit Zugriffsdatum**
http://www.bmwi.de/BMWi/Navigation/Mittelstand/mittelstandspolitik,did=468.html (Datum des Zugriffs: 10.02.2012).

Um im Lesefluss zu bleiben, empfehlen sich bei Internetquellen die Kurzzitierweise im Text und die vollständige Angabe in der Fußnote bzw. im Literaturverzeichnis.

✍ **Beispiel: Kurzzitierweise im Text**
http://www.bmwi.de (Zugriff: 10.02.2012).

Im Literatur- und Quellenverzeichnis sollten zwecks Nachvollziehbarkeit vollständige Angaben aufgeführt werden. Zwei Varianten sind dabei denkbar: die Anlage eines separaten Punktes „Internetquellen" oder das gemeinsame Auflisten der Online- zusammen mit den Print-Quellen, wie die nachfolgenden Beispiele zeigen. Letztere wird aufgrund der besseren Nachprüfbarkeit von Informationen für das wissenschaftliche Zitieren besonders empfohlen, weil die Institution sowie der Titel des Beitrags sichtbar werden.

✍ **Beispiele: Zitierweise von Internetquellen im Literaturverzeichnis**
Beispiel a): Vollständige Zitierweise im Literaturverzeichnis als Punkt „Internetquellen“ http://www.bmwi.de/BMWi/Navigation/Mittelstand/mittelstandspolitik,did=468.html (Datum des Zugriffs: 10.02.2012).
Beispiel b): Vollständige Zitierweise im Literaturverzeichnis alphabetisch mit Printquellen oder als eigenen Punkt „Internetquellen“ BUNDESMINISTERIUM FÜR WIRTSCHAFT UND TECHNOLOGIE (2012): Politik für den Mittelstand, http://www.bmwi.de/BMWi/Navigation/Mittelstand/mittelstandspolitik,did=468.html (Datum des Zugriffs: 10.02.2012).

Bei der Anwendung von Beispiel b) würde im Text mit Bundesministerium für Wirtschaft und Technologie (Zugriff: 10.02.2012) oder kurz BMWI (Zugriff: 10.02.2012) zitiert. Da sich Internetquellen schnell ändern können, sollten diese zum Nachweis unbedingt als pdf-Datei abgespeichert werden.

B Monographien

Bei einer Monographie handelt es sich in der Regel um ein Fachbuch, das sich mit einem einzigen Gegenstand, einer Person oder einem Werk beschäftigt. Es kann von einem oder mehreren Autoren geschrieben werden.

✍ **Beispiele: Monographien zitieren**
Zitiermuster: AUTOR/EN bzw. HERAUSGEBER (Nach- und Vorname) (Erscheinungsjahr): Titel. Untertitel.- (Serien-/Reihentitel, Band-Nr.), Auflage, Ort/e.
Beispiel 1: ohne Serien-/Reihentitel WOLLSCHEID, S. (2008): Lesesozialisation in der Familie. Eine Zeitbudgetanalyse zu Lesegewohnheiten, 1. Auflage, Wiesbaden.
Beispiel 2: mit Serien-/Reihentitel SICK, W.-D. (1993): Agrargeographie.- (Das geographische Seminar), 2. Auflage, Braunschweig.
Beispiel 3: mit Herausgeber ENDEPOHLS-ULPE, M./JESSE, A. (Hrsg.) (2006): Familie und Beruf – weibliche Lebensperspektiven im Wandel, Frankfurt/Main.
Beispiel 4: mit Herausgeber in Englisch PACIONE, M. (1986) (Ed.): Progress in Agricultural Geography, London et al.
Beispiel 5: Institution als Herausgeber BUNDESANSTALT FÜR GEWÄSSERKUNDE (Hrsg.) (2011): Jahresbericht. Annual Report 2010/2011, Koblenz.

C Beiträge aus Sammelschriften

Bei Sammelschriften handelt es sich um Publikationen, bei denen mehrere Autoren einzelne, in sich abgeschlossene Beiträge in einem Gesamtwerk verfasst haben. Im Literaturverzeichnis wird die Anfangs- und Endseitenzahl des Beitrags genannt.

✍ **Beispiel: Beitrag aus Sammelschrift zitieren**
Zitiermuster: AUTOR/EN (Nach- und Vorname) (Erscheinungsjahr): Titel. Untertitel.- In: Autor/en bzw. Herausgeber der Sammelschrift: Titel der Sammelschrift. Untertitel.- (Reihen-/Serientitel, Band-Nr.), Ort/e, Seitenzahl (Anfangs- und Endseite des Beitrags).
Beispiel: Beitrag aus Sammelschrift CARAMBIA, M./FRINGS, R. (2009): Abflussszenarien für den Rhein des 21. Jahrhunderts.- In: Bundesministerium für Verkehr, Bau und Stadtentwicklung (Hrsg.): KLIWAS. Auswirkungen des Klimawandels auf Wasserstraßen und Schifffahrt in Deutschland.- (Tagungsband), Bonn, S. 105-109.

D Beiträge aus Fachzeitschriften und Zeitungen

Ähnlich wie bei Sammelschriften wird auch bei Zeitungen und Fachzeitschriften die Anfangs- und Endseite des Artikels im vollständigen Literatur- und Quellenverzeichnis am Ende der Arbeit mit aufgeführt. Falls ein Jahrgang angegeben ist, sollte er genannt werden, damit die Quelle für andere Leser besser auffindbar ist.

✍ **Beispiel: Zeitschriftenbeitrag zitieren**
Zitiermuster: AUTOR/EN (Nach- und Vorname) (Erscheinungsjahr): Titel. Untertitel.- Zeitschriftenname (ggf. Untertitel), Jahrgang, Heft-Nr., Seitenzahl (Anfangs- und Endseite).
Beispiel 1: Zeitschriftenbeitrag <u>ohne Jahrgang</u> KÜCHLER-KRISCHUN, J. (2011): Das Jahrzehnt der biologischen Vielfalt.- Umwelt, Dezember 2011, S. 7-11.
Beispiel 2: Zeitschriftenbeitrag <u>mit Jahrgang</u> VIVIROLI, D./WEINGARTNER, R. (2011): Umfassende hochwasserhydrologische Beurteilung ungemessener mesoskaliger Einzugsgebiete im schweizerischen Rheineinzugsgebiet durch prozessorientierte Modellierung.- Hydrologie und Wasserbewirtschaftung, 55. Jahrgang, Heft 5, S. 258-272.

E Lexika/Nachschlagewerke

Bei Nachschlagewerken, wie Wörterbüchern, werden Personen oder Organisationen in ihrer Funktion als Herausgeber bzw. Verfasser genannt. Dementsprechend können diese auch, wie die nachfolgenden Beispiele zeigen, zitiert werden.

✍ **Beispiele: Lexika/Nachschlagewerke zitieren**
Zitiermuster: AUTOR/EN bzw. Herausgeber (Nach- und Vorname)/ Organisation (Erscheinungsjahr): Titel. Untertitel, Auflage, Ort/e.
Beispiel 1: Werk mit Person als Herausgeber LESER, H. (Hrsg.) (2011): Diercke Wörterbuch Geographie, 15. überarb. Aufl., Braunschweig.
Beispiel 2: Werk mit Organisation als Herausgeber ZEITVERLAG GERD BUCERIUS (Hrsg.) (2005): Das Lexikon mit dem Besten aus der Zeit. In 20 Bänden, Mannheim.
Beispiel 3: Werk mit Personen als Verfasser LESER, H. u.a. (1992): Diercke-Wörterbuch der Allgemeinen Geographie. Band 2 N-Z, 6. Auflage, München, Braunschweig.
Beispiel 4: Werk mit Organisation als Verfasser F.A. Brockhaus (2002): Der Brockhaus in einem Band, 9. Auflage, Leipzig.

F Graue Literatur

Als Graue Literatur werden Veröffentlichungen bezeichnet, die außerhalb des Buchhandels erscheinen: Dazu zählen beispielsweise Publikationen von Unternehmen, Organisationen, Regierungsstellen und Vereinen, die nicht über den Buchhandel vertrieben werden. Häufig handelt es sich dabei um Statistiken, Tagungsberichte, Kataloge, Broschüren und Prospekte. Auch im Hochschulbereich gibt es zahlreiche unveröffentlichte Dokumente, wie Seminar-, Abschluss- und Doktorarbeiten, die meist nur über die entsprechenden Fachbereiche zugänglich sind oder in der Bibliothek der jeweiligen Hochschule vor Ort eingesehen werden können.

✍ **Beispiel: Graue Literatur zitieren**
Zitiermuster: AUTOR/EN bzw. Herausgeber (Nach- und Vorname) (Erscheinungsjahr): Titel, Untertitel, Ort/e.

G Vorträge und Expertengespräche

Vorträge und Expertengespräche dokumentieren aktuelle und praxisnahe Entwicklungen bzw. den gegenwärtigen Stand einer Sache. Neue Trends, Stimmungsbilder und Erfahrungen aus der Praxis können Wissenschaftstexte anschaulicher werden lassen und die Aktualität von Informationen stützen. Beim Zitieren von Vorträgen und Expertengesprächen sollten folgende vier Punkte genannt werden:

1. Vortragsredner/Interviewpartner
2. Anlass/Organisation
3. Berufliche Funktion der Person
4. Datum und ggf. Ort des Vortrags/Gesprächs

✍ Beispiel: Vorträge und Expertengespräche zitieren
Beispiel: Zitiermuster im Text (mündliche Mitteilung, OTTO 2009).
Beispiel: Zitierweise im Literaturverzeichnis als eigenen Punkt „Vorträge/Expertengespräche“ OTTO, T. (2009): Europäisches Tourismus Institut GmbH, Projektleiter, Telefoninterview vom 12.01.2009.

8.3 Quellenangaben bei visuellen Darstellungen

Zu den visuellen Darstellungen in einem Text gehören z.B. Abbildungen, Fotos, Graphiken, Karten oder Tabellen. Bei Lektoraten von Wissenschaftstexten lässt sich häufig beobachten, dass diese nur ungenügend mit Quellenangaben und auch hinsichtlich der Überschrift nicht präzise gekennzeichnet sind.

Aus der Überschrift sollte jedoch so genau wie möglich hervorgehen, was den Betrachter in der Darstellung erwartet. Bei komplexen Inhalten empfiehlt sich eine Unterüberschrift.

✍ Beispiel: Visuelle Darstellungen gestalten und zitieren

Abbildung 1: Erklärende Überschrift, ggf. Unterüberschrift

Quelle: AUTOR Jahr, Seitenzahl.

Auch Kopfleisten von Tabellen sollten so genau und kurz wie möglich aufgeschlüsselt werden. Eine Legende (meistens rechts oder unten platziert) bietet sich an, um farbliche oder gemusterte Flächeninhalte sowie nicht selbsterklärende Informationen zu erläutern. Bei der Darstellung von Zahlen ist auf die Angabe von Bezugsjahren zu achten: Auf welches Jahr beziehen sich die Daten?

✍ Beispiel: Tabellen gestalten und zitieren

Tabelle 1: Erklärende Überschrift, ggf. Unterüberschrift

Kopfleisten aufschlüsseln	Was genau steht in der jeweiligen Spalte? Können die Angaben ggf. präzisiert werden?

Quelle: Eigene Erstellung.

Visualisierungen sind, ebenso wie Texte, mit genauen Quellenangaben zu belegen. Woher stammt meine Darstellung? Falls sie aus einer fremden Quelle entnommen wurde, muss sie angegeben werden. Eigenhändige Darstellungen sollten als solche entsprechend gekennzeichnet werden (z.B. mit dem Zusatz „Eigene Erstellung" wie oben gezeigt), damit der Leser nicht lange nach der Quelle suchen muss oder gar auf den Gedanken kommt, dass eine Quellenangabe vergessen wurde.

Viele Betreuer an Hochschulen würdigen das Einbringen eigener Ideen mit Pluspunkten bei der Bewertung der Arbeit. Auch bei wissenschaftlich arbeitenden Instituten erweist es sich von Vorteil, die eigene Erstellung von Visualisierungen explizit zu kennzeichnen. Der Leser erkennt somit auf Anhieb, dass beispielsweise nicht etwa ein kooperierendes Forschungslabor die Darstellung entworfen hat, sondern der Autor am Institut selbst.

Wird eine Darstellung in Anlehnung an eine bereits vorhandene Visualisierung entworfen (z.B. ergänzt oder verändert) muss die fremde Quelle adäquat mit angegeben werden, wie folgendes Beispiel zeigt:

✍ Beispiel: eigene Darstellung in Anlehnung an andere Autoren angeben

Abbildung 2: Erklärende Überschrift, ggf. Unterüberschrift

Quelle: Eigene Erstellung in Anlehnung an (AUTOR Jahr, Seitenzahl).

Zusammenfassend werden noch einmal elementare Richtlinien für Visualisierungen in Tabelle 31 aufgelistet.

Tabelle 31: Regeln für Darstellungen

• Tabellen übersichtlich anordnen (z.B. Kopfleiste präzisieren) • bei Karten: Maßstab angeben und Farbsignaturen in der Legende erklären • Darstellungen jeweils nach Typ (z.B. Abbildungen, Tabellen, Karten) geordnet durchgehend nummerieren und entsprechende/s Verzeichnis/se am Anfang der Arbeit anlegen • Bezugsjahre bei Zahlen angeben • Zahlen mit entsprechenden Einheitenzeichen versehen (z.B. %, Euro, US$) • bei Prozentzahlen Relationen aufschlüsseln • präzise Überschrift (ggf. mit Unterüberschrift) sowie genaue Quellenangabe (auch bei eigener Erstellung) • lange Tabellen, die über eine bzw. zwei Seiten reichen und nicht zum roten Faden gehören, sind aus Gründen der schnelleren Lesbarkeit ggf. besser im Anhang aufgehoben

Quelle: Eigene Erstellung.

Wie viele Quellen sollte ich überhaupt zitieren?

Schließlich stellt sich die Frage, wie viele Quellen ich in einer wissenschaftlichen Arbeit zitieren sollte. Dies ist abhängig vom Thema. Bei sehr aktuellen Themen, wie z.B. Fragestellungen, bei denen es um technische Neuerungen geht, ist das Literaturangebot oftmals begrenzt. In diesem Fall muss der Schreiber/Leser mit wenigen Quellenangaben auskommen. Vielfach bestehen diese dann aus Fachzeitschriften, Internetquellen und eigenen Untersuchungen oder Erhebungen.

Einige Hochschulen empfehlen pro geschriebener Seite Haupttext, *eine* Literaturquelle anzugeben: Angenommen die Gesamtseitenzahl der Arbeit beträgt 80 Seiten (Einleitung-Hauptteil-Schluss), dann wird empfohlen ca. 80 Quellen bei der Recherche zu verwenden und im Literaturverzeichnis anzugeben.

8.4 Literaturrecherchen

Die *Eingrenzung des eigenen Themas* und die dazugehörende *Fragestellung* sowie *Zielsetzung* stehen ganz am Anfang der Arbeit. Sie bilden das **Grundgerüst** für die spätere Gliederung, Texte und Argumentation. Dieser Prozess ist vergleichbar mit dem Bau eines Gebäudes, bei dem die Fundamentlegung zu Beginn von großer Bedeutung für alle weiteren Stockwerke ist. Deshalb ist die Klärung der Frage, worüber geschrieben und geforscht werden soll, äußerst wichtig.

Je genauer die Forschungsfrage formuliert ist, desto besser kann die Gliederung entworfen und schließlich Literatur für die Arbeit ausgewählt werden:

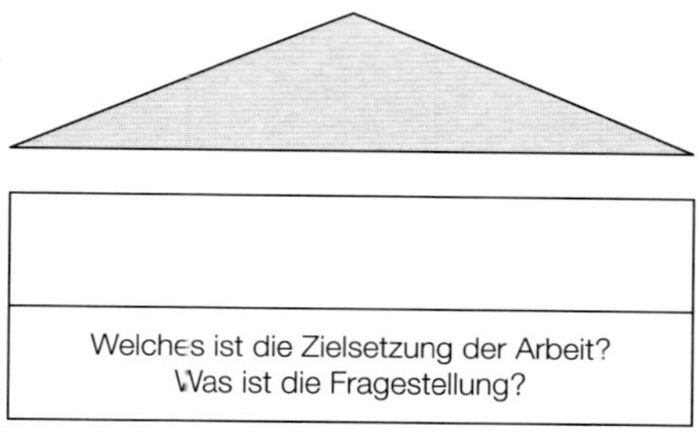

Die Festlegung des Themas sowie die *Fragestellung* und die *Zielsetzung* stellen drei verschiedene Aufgabenbereiche dar, die im Bearbeitungsprozess parallel verlaufen und deshalb netzartig miteinander verbunden sind: Wenn sich an der Fragestellung etwas ändert, sind davon auch ggf. Titel und Zielsetzung betroffen und umgekehrt.

Welche weiteren Vorbereitungen zur Literatursuche kann ich als Autor treffen?
Neben der Abgrenzung des Themas und der genauen Ausformulierung der Fragestellung und Zielsetzung der Arbeit, ist es hilfreich, *Schlagworte* für die Literatursuche im elektronischen Bibliothekskatalog (OPAC = Online Public Access Catalogue) zu finden.

Ein weiterer Anlaufpunkt zur Literaturrecherche bietet die *vorhandene Literatur am Lehrstuhl, insbesondere Fachlexika.* Häufig gibt es dort ein entweder ausleihbares oder einsehbares Sortiment fachspezifischer Publikationen, die bei der Herangehensweise zur Bearbeitung des Themas nützlich sein können. Auch relevante Primärquellen, z.B. Dissertationen und Studien, sind dort oft vorhanden. Bei interdisziplinär ausgerichteten Themen empfiehlt sich, *Literatur aus Nachbarwissenschaften* heranzuziehen. Diese Vorgehensweise ist dann hilfreich, wenn es sich beispielsweise um „junge" Forschungsbereiche handelt, zu denen in angrenzenden Fächern schon recherchiert und publiziert wurde.

Nicht zuletzt ist das *Schneeballverfahren* eine Möglichkeit, systematisch bei der Literatursuche vorzugehen: Dabei werden Quellenangaben aus wichtiger Literatur zum Thema gesichtet, um passende Literatur für die eigene Arbeit zu ermitteln.

Zusammenfassende Tipps zur Literaturrecherche:

a) Eigene Hochschulbibliothek

- Hochschulbibliothekskooperationen
- Digitaler Bibliothekskatalog
- Semesterapparat
- fach- oder institutsspezifische Literaturdatenbanken
- Fachzeitschriften und -zeitungen (Online-Abo)
- Neuerwerbungen
- Archiv

b) Andere Hochschulen oder Bibliotheken

- Fernleihe
- Stadt-/Landesbibliothek
- Deutsche Nationalbibliothek (d-nb.de)
- The European Library (theeuropeanlibrary.org)
- LibDex (Verzeichnis weltweiter Bibliotheken) (libdex.com)
- ERIC (Education Resources Information Center) (eric.ed.gov)

c) Kostenlose wissenschaftliche Fachzeitschriften zum Download

- Elektronische Zeitschriftenbibliothek der Universität Regensburg (ezb.uni-regensburg.de)
- Zentrum für europäische Wirtschaftsforschung (zew.de/de/links/lifa/zeitzss.php)
- Deutsches Institut für Wirtschaftsforschung – Zeitschrift für Soziologie (zfs-online.org)

d) Statistische Daten verschiedener Länder

- Auswärtiges Amt (auswaertiges-amt.de)
- Statistisches Bundesamt Deutschland (destatis.de)
- Europäische Kommission (epp.eurostat.ec.europa.eu)

e) Marktforschungsdaten

- Gesellschaft für Konsumforschung (gfk.com)
- Nielsen (nielsen.com)

- Fittkau & Maas (w3b.de)
- forsa Gesellschaft für Sozialforschung und statistische Analysen mbH (forsa.de)

f) Supranationale Organisationen
- AFRISTAT (afristat.org)
- Association of Southeast Asian Nations (aseansec.org)
- FAO-Food and Agricultural Organization (fao.org)
- ILO-International Labour Organisation (ilo.org)
- Internationaler Währungsfonds (imf.org)
- Interstate Statistical Commitee of the Commonwealth of Independent States (cisstat.com)
- OECD-Organisation for Economic Cooperation and Development (oecd.org)
- The World Bank (worldbank.org)
- UN-United Nations (un.org)
- UNECE-United Nations Economic Commission for Europe (unece.org/stats)
- UNESCO-United Nations Educational Scientific and Cultural Organization (unesco.org)
- WHO-World Health Organization (who.int/en)
- WTO-World Trade Organization (wto.org)

Möglichkeiten der Literaturverwaltung:

a) Word-/Excel-Datei

Die Anlage des Literaturverzeichnisses in einer eigenen Word-Datei stellt eine einfache und effektive Form dar, Literatur zu verwalten. Das Verzeichnis kann schnell ergänzt, gekürzt und anderweitig verändert werden. Darüber hinaus kann über die Suchfunktion nach Schlagworten oder doppelt eingegebenen Titeln recherchiert werden.

b) Ordnerverwaltung

Die Verwaltung von Literatur in Ordnern bietet sich insbesondere dann an, wenn viele Kopien von beispielsweise ausgeliehener Literatur über die Bibliothek gemacht werden. Diese können dann passend zu den eigenen Kapiteln der Gliederung in verschiedenen Rubriken abgeheftet werden.

c) Literaturverwaltungsprogramme

Bei umfangreicheren wissenschaftlichen Arbeiten, z.B. Dissertationen, kann überlegt werden, ob Literaturverwaltungsprogramme (z.B. EndNote, Citavi) verwendet werden, um bestimmte Zitierstile gleich von vornherein festzulegen.

Diese können dann über die gesamte Arbeit automatisch eingefügt werden. Bei kürzeren wissenschaftlichen Arbeiten reichen in der Regel die herkömmlichen Methoden der Literaturverwaltung aus.

Tipp:

Nehmen Sie an einer Führung durch die eigene Hochschulbibliothek bzw. einem Seminar zu Recherchemöglichkeiten Ihrer Hochschule teil; dabei erhält man oft hilfreiche Hinweise!

8.5 Zwischenfazit: Orientierung, Kompetenz und Verlässlichkeit

1. Leser von akademischen Texten wollen im Unterschied zur unterhaltenden Literatur Daten nachprüfen und nachvollziehen können. Daher kommt dem Schreibenden eine verantwortungsvolle Aufgabe zu, Angaben wissenschaftlich exakt mit der jeweiligen Quelle zu belegen. Eine sorgfältige Vorgehensweise ist dabei unabkömmlich!
2. Sprechen Sie den Zitierstil, der in vielen Fällen vorgegeben ist, mit Ihrem Mentor ab! Bei einer stringenten Anwendung der Zitierweise kann sich der Leser gut zurechtfinden!
3. Zitate geben dem Leser Orientierung darüber, wer gerade spricht und offenbaren die eigene Haltung bzw. die anderer Autoren!

Raum für eigene Notizen:

9 Entspannt mit dem Schreiben loslegen!

Seien Sie der Architekt Ihrer Bachelor-, Master-, Doktor- oder Projektarbeit und planen Sie diese wie ein Haus!
Grenzen Sie dazu den Titel der Arbeit entsprechend der zu thematisierten Inhalte, wie ein Bild mit einem schönen Rahmen, ein. Schreiben Sie diesen mehrmals hintereinander auf bis die Formulierung dessen, was den Leser in der Arbeit erwartet, treffsicher ist. Das Exposé stellt dabei den Fahrplan dar, der Sie durch die Arbeit navigiert und hilft, die Zeit nicht aus den Augen zu verlieren.
Stellen Sie sich Ihren persönlichen Handapparat mit allen wichtigen Arbeitsmaterialien zusammen (z.B. Computer, installiert mit wichtigen Programmen, Literatur in Form von Büchern, Fachzeitschriften, Kopien und Internetdownloads sortiert in Ordnern, farbliche Klebezettel wie Post-it Notes, um Unterlagen zu strukturieren, Flip-Chart-Papier für Brainstormings und Mind-Maps). Auch hilfreiche Nachschlagewerke wie Wörterbücher zur deutschen Rechtschreibung und Grammatik, Synonymen, Etymologie und Fachlexika aus der eigenen Wissenschaftsdisziplin dürfen nicht fehlen. Aktivieren Sie elektronische Rechtschreib-/ Grammatikprüfungsprogramme auf Ihrem Computer! Schaffen Sie Ordnung auf dem PC, beispielsweise indem Sie eigene Dateien für jedes Kapitel, Abbildungs- und Literaturverzeichnis sowie statistische Auswertungen, Expertengespräche etc. anlegen und strukturieren Sie diese zeitnah! Und nicht zuletzt: Sichern Sie regelmäßig Ihre Dateien!
In der Schreibpraxis zeigt sich, dass der Anfang oft eine der größten Hürden einer wissenschaftlichen Arbeit bedeutet. Ist dieser einmal geschafft, ist schon ein wichtiger Schritt getan. Würdigen Sie auch Zeiten, in denen Sie nur wenig schreiben. Diese kleinen Texte können von hoher Qualität und Wert für den Fortgang der Arbeit sein. In Phasen nachlassender Motivation leistet oft schon ein anderer Schreibort einen Beitrag zur Abwechslung und zu kreativen Gedanken. Bleiben Sie stetig am Schreiben und entwickeln Sie Ihre Arbeit Schritt für Schritt auf ein anspruchsvolles Niveau!
Um Texte zu schreiben, braucht es Muße und die Fähigkeit eigene innere Dialoge zuzulassen. Dieser Prozess des Reflektierens trägt dazu bei, Gedanken zu Papier zu bringen.
Darüber hinaus ist es förderlich, eigene Texte laut zu lesen, um zu hören wie das Geschriebene klingt, und mit anderen Menschen darüber zu sprechen. Das Thema wird durch die Verbalisierung konkreter. Autoren erhalten ein Feedback von außen, das sowohl auf neue Ideen als auch zum kritischen Hinterfragen anregen kann. Auch gezieltes Lesen schult den Umgang mit Literatur und die Aufmerksamkeit für verschiedene Textstrukturen und Schreibstile.

Neben dem geschriebenen Text können die modernen Möglichkeiten der visuellen Kommunikation, beispielsweise Abbildungen, Tabellen, Fotos, geographischen Karten, eingesetzt werden, um Informationen komprimierter zu vermitteln, Texte anschaulicher zu gestalten und die inhaltlich-logische Anordnung von Argumenten zu unterstützen. Dies kann sich positiv auf die Kontaktaufnahme zum Leser auswirken. Versetzen Sie sich dazu in die Adressaten Ihrer Texte, um herauszufinden, was sie besonders interessiert.

Die Antwort auf die Frage nach dem Erfolg wissenschaftlichen Schreibens ist komplex und mehrdimensional, weil verschiedene Voraussetzungen erfüllt sein müssen: Zunächst erweist es sich von Vorteil, wenn Klarheit darüber besteht, warum eine Arbeit geschrieben wird und wenn der Verfasser sich aus unterschiedlichen Motivationen heraus mit dem Thema anfreunden kann. Auch das Interesse am Schreiben, Recherchieren, Forschen, Koordinieren, Organisieren und Kommunizieren nimmt eine zentrale Stellung ein. Letzteres bedeutet Wissenschaftlichkeit so zu verstehen, dass die Untersuchung für andere nachvollziehbar ist sowie Neues, Nützliches und Nachprüfbares enthält. Dies ist notwendig, um die Auseinandersetzung in der wissenschaftlichen Öffentlichkeit fortzusetzen, sprich: anderen Autoren die Möglichkeit zum Anknüpfen an den thematisierten Gegenstand zu geben. Gut formulierte akademische Texte können zur Schnittstelle zwischen Wissenschaft, Wirtschaft und Politik werden, wenn jüngste Forschungsergebnisse mit Bezug zu aktuellen gesellschaftlichen Themen einem größeren Publikum bekannt gemacht werden und ein sichtbarer Nutzen daraus gezogen wird.
In der Wissenschaftsgemeinde gilt es einige Spielregeln einzuhalten, so auch die des Zitierens. Bei einer einheitlichen Anwendung eines festgelegten Zitierstils kann sich der Leser gut in Ihrem Manuskript zurechtfinden. Zudem wird deutlich, wer gerade spricht. Die Angabe der Herkunft sämtlicher Informationen ist eine nicht zu unterschätzende Serviceleistung des Autors gegenüber seinen Lesern und zeugt von Kompetenz und Glaubwürdigkeit.

Nicht zuletzt sind insbesondere wissenschaftliche Abschlussarbeiten etwas Besonderes im Studienleben. In der Endphase der Ausbildung können Sie noch einmal einen Großteil Ihres Wissens in komprimierter und geschriebener Form wiedergeben! Und das kann eine Eintrittskarte ins Berufsleben sein. Auch dort wird wissenschaftliches Arbeiten weitergeführt, etwa in Form von Projektberichten oder Zeitschriftenartikeln.

Wir wünschen Ihnen viel Erfolg!

Literatur- und Quellenverzeichnis

1. Literatur und Quellen

ECO, U. (2005): Wie man eine wissenschaftliche Abschlussarbeit schreibt. Doktor-, Diplom- und Magisterarbeit in den Geistes- und Sozialwissenschaften, 11. unveränderte Auflage, Heidelberg.

HOFMANNSTHAL, H. v.: Der Rosenkavalier.- In: Hottmann, K. (Hrsg.) (2008): Richard Strauss. Der Rosenkavalier. Komödie für Musik in drei Aufzügen (= Textausgabe), Stuttgart, S. 5-133

INSTITUT FÜR DEUTSCHE SPRACHE (IDS) (2007): grammis – das grammatische informationssystem des ids, http://hypermedia.ids-mannheim.de/pls/public/sysgram.ansicht? v_typ=d&v_id=366 (Datum des Zugriffs: 09.01.2007).

KRUSE, O. (2005): Keine Angst vor dem leeren Blatt. Ohne Schreibblockaden durchs Studium, 11. Auflage, Frankfurt am Main.

MÜLLER-WOHLFAHRT, H.-W. (2004): Mensch, beweg dich!, München.

THOMAS, U. (2005): Interkulturelles elektronisches Marketing im Tourismus. Untersuchung zum touristischen Konsumverhalten im Internet am Beispiel der Internetnutzung in Deutschland, Südostasien und der Australien-Pazifik-Region (=Dissertation), Trier.

WERDER, L. v. (2002): Brainwriting & Co. Die 11 effektivsten Methoden des kreativen Schreibens für die Schule und das Studium, Berlin, Milow.

WERDER, L. v. (2003): Creative Thinking. Die Ideenfabrik. Die effektivsten Denkmethoden großer Philosophen für Schule, Studium und Beruf, Berlin, Milow.

2. Ausgewählte Literatur und Quellen für die Zitierbeispiele im Text

BUNDESANSTALT FÜR GEWÄSSERKUNDE (Hrsg.) (2011): Jahresbericht. Annual Report 2010/2011, Koblenz.

BUNDESMINISTERIUM FÜR WIRTSCHAFT UND TECHNOLOGIE (2011): Deutsche Wirtschaft ist gut in Form, http://www.bmwi.de/BMWi/Navigation/Presse/pressemitteilungen, did=457972.html (Datum der Erstveröffentlichung: 24.11.2011).

BUNDESMINISTERIUM FÜR WIRTSCHAFT UND TECHNOLOGIE (2012): Politik für den Mittelstand, http://www.bmwi.de/BMWi/Navigation/Mittelstand/mittelstandspolitik,did=468.html (Datum des Zugriffs: 10.02.2012).

CARAMBIA, M./FRINGS, R. (2009): Abflussszenarien für den Rhein des 21. Jahrhunderts.- In: Bundesministerium für Verkehr, Bau und Stadtentwicklung (Hrsg.): KLIWAS. Auswirkungen des Klimawandels auf Wasserstraßen und Schifffahrt in Deutschland.- (Tagungsband), Bonn, S. 105-109.

DAHM, B./PTAK, R. (1999): Vorwort.- In: Dahm, B./Ptak, R. (Hrsg.): Südostasien-Handbuch: Geschichte, Gesellschaft, Politik, Wirtschaft, Kultur, München, S. 9-19.

ENDEPOHLS-ULPE, M./JESSE, A. (Hrsg.) (2006): Familie und Beruf – weibliche Lebensperspektiven im Wandel, Frankfurt/Main.

F.A. Brockhaus (2002): Der Brockhaus in einem Band, 9. Auflage, Leipzig.

KÜCHLER-KRISCHUN, J. (2011): Das Jahrzehnt der biologischen Vielfalt.- Umwelt, Dezember 2011, S. 7-11.

LESER, H. u.a. (1992): Diercke-Wörterbuch der Allgemeinen Geographie. Band 2 N-Z, 6. Auflage, München, Braunschweig.

LESER, H. (Hrsg.) (2011): Diercke Wörterbuch Geographie, 15. überarb. Aufl., Braunschweig.

OTTO, T. (2009): Europäisches Tourismus Institut GmbH, Projektleiter, Telefoninterview vom 12.01.2009.

PACIONE, M. (1986) (Ed.): Progress in Agricultural Geography, London et al.

SICK, W.-D. (1993): Agrargeographie.- (Das geographische Seminar), 2. Auflage, Braunschweig.

THOMAS, U. (2005): Interkulturelles elektronisches Marketing im Tourismus. Untersuchung zum touristischen Konsumverhalten im Internet am Beispiel der Internetnutzung in Deutschland, Südostasien und der Australien-Pazifik-Region (Dissertation), Trier.

VIVIROLI, D./WEINGARTNER, R. (2011): Umfassende hochwasserhydrologische Beurteilung ungemessener mesoskaliger Einzugsgebiete im schweizerischen Rheineinzugsgebiet durch prozessorientierte Modellierung.- Hydrologie und Wasserbewirtschaftung, 55. Jahrgang, Heft 5, S. 258-272.

WOLLSCHEID, S. (2008): Lesesozialisation in der Familie. Eine Zeitbudgetanalyse zu Lesegewohnheiten, 1. Auflage, Wiesbaden.

ZEITVERLAG GERD BUCERIUS (Hrsg.) (2005): Das Lexikon mit dem Besten aus der Zeit. In 20 Bänden, Mannheim.

3. Weiterführende Literatur zum wissenschaftlichen Schreiben

BRAMBERGER, A./FORSTER, E. (2008): Wissenschaftlich schreiben. Kritisch-reflexiv-handlungsorientiert, Salzburg.

CIOFFI, F. (2006): Kreatives Schreiben für Studenten & Professoren, Berlin.

DISTERER, G. (2011): Studienarbeiten schreiben: Seminar-, Bachelor-, Master- und Diplomarbeiten in den Wirtschaftswissenschaften, Berlin, Heidelberg.

EBEL, H. F./BLIEFERT, C. (2009): Bachelor-, Master- und Doktorarbeit: Anleitungen für den naturwissenschaftlich-technischen Nachwuchs, Weinheim.

ESSELBORN-KRUMBIEGEL, H. (2008): Von der Idee zum Text. Eine Anleitung zum wissenschaftlichen Schreiben, Stuttgart.

FRANCK, N. (2011): Die Technik wissenschaftlichen Arbeitens: Eine praktische Anleitung, Stuttgart.

KOLMER, L./ROB-SANTER, C. (2005): Geschichte schreiben. Von der Seminar- zur Doktorarbeit, Paderborn u.a.

KROPP, W. (2009): Studienarbeiten interaktiv. Erfolgreich wissenschaftlich denken, schreiben, präsentieren, Berlin.

NIEDERHAUSER, J. (2011): Duden. Die schriftliche Arbeit, Mannheim.

PYERIN, B. (2007): Kreatives wissenschaftliches Schreiben. Tipps und Tricks gegen Schreibblockaden, Weinheim.